송예진

홍익대학교 산업디자인과를 졸업했다. UI 회사를 다니며 취미로 배운
가죽공예가 힐링이 되어 지금은 본업으로 가죽공예를 하며 작가, 강사,
유튜버 등 가죽과 관련된 다양한 활동을 하고 있다. 현재 누적 수업
횟수는 약 15000회 정도로 초급부터 공방장 클래스까지 운영되고 있다.

10여 년 동안 가죽제품을 만들고 가르치다 보니, 제대로 된 패턴 책이
없었기에 그간의 제작 노하우를 아낌없이 전수하고자 직접 집필하게
되었다.

송예진은 강사를 가르치는 강사, 대한민국 가죽공예 클래스의
선두주자로 비즈니스 컨설팅 및 창업세미나, 페니체 레더스파를
개최해왔으며 CJ, 삼성, 현대백화점, 카카오, 샤넬, 신한은행 등
국내 100대 기업에 다수의 기업문화 클래스 진행하고 있다.

홈페이지 www.avecmoreau.com
이 메 일 avecmoreau@gmail.com
인 스 타 @avecmoreau
유 튜 브 @serinasong

No.1
가방 패턴
마스터
클래스

가방
패턴
클래스
A to Z

내 인생을 바꾼 가죽공예 | 송예진 지음

들어가며

안녕하세요.
아벡모로 가죽공방 송예진입니다.

[가방 패턴 클래스 A to Z] 책을 통해 만나 뵙게 되어 반갑습니다.
거의 모든 학생들이 제 공방에 와서 물어보는 첫 질문은
"가죽공예가 처음인데.. 패턴을 만들 수 있을까요?"입니다.
그럼 저는 "초보로 시작해서 공방을 차리신 분들도 더러 있습니다."라고 합니다.
제가 그랬듯 말이죠.

두 번째로 많이 물어보는 질문은
"4개월 완성반을 수강하면 가죽 가방 만드는 방법을 다 배울 수 있나요?"

그럼 저는 "패턴을 이해할 수 있다면 시간은 중요하지 않습니다."라고 말씀드립니다.
저도 처음 가죽공예를 시작할 때 '패턴'이나 '도안'에 대해 무지한 채로 기초적인 기술과 공구를 익히는데 급급했습니다. 그런데 3개월 정도 지난 후 원하는 형태를 만들려면 패턴을 만들 수 있어야 한다는 것을 깨닫게 되었습니다.

가죽공예 기술과 패턴 제작 수업을 가르치는 것이 쉽지 않았기 때문에 완벽한 작품과 기술 연마를 위해 밤낮을 모르고 쉴 새 없이 만들었던 것 같아요.
가방 200여개 쯤 만들고 난 후에야 패턴과 제작 기술, 미싱을 포함한 대부분의 기계 사용에 대해 자신감이 생겼던 것 같습니다.
그게 공방 창업을 한지 만 3년을 채운 시기였고, 계산해 보니 가죽공예에 올인한 시간이 딱 10000시간 정도였습니다.

그 이후부터는 머릿속에 떠오르는 모든 형태의 가방을 만들 수 있었고, 유행하는 가방도 거의 똑같이 만들어낼 수 있었습니다.
생각했던 대로 나오지 않을 때는 패턴을 5번 이상 만들기도 했는데 그 과정에서 비슷해 보이는 곡선이라도 1~2mm 차이에 따라 미학적으로 명품이 탄생하기도 하고 조잡한 시장표 가방이 되기도 한다는 사실을 깨닫게 되었답니다.
아름다운 가방을 만들어내는 것에는 생각보다 많은 노력과 시간을 필요로 합니다.

이 책을 만들기까지

2012년부터 이 책을 발간하는 2023년까지
취미로 시작한 수강생들부터 공방 창업을 하는 전문가들까지 1500여 명의 학생들에게 패턴을 가르쳤습니다. 처음에는 패턴을 만드는 것을 초보자에게 알려주는 것이 무척 어려웠습니다.
혼자 만드는 건 이미 제 머릿속에 있으니 어렵지 않은데, 그 과정을 세세히 알려주려니 여간 답답한 일이 아니었죠. 제작 과정을 A부터 Z까지 이해하고 스스로 제작할 수 있게끔 하나부터 열까지 최대한 잘 전달하려고 노력했습니다. 언젠가는 제 도움 없이도 집에서 스스로 만들 수 있게 하는 것이 제 수업의 목표였으니까요.
제가 그랬듯 말이죠.
초보자도 이해할 수 있도록 낯선 용어를 쉽게 바꾸고, 입체적인 형태를 만드는 것을 전달하는데 말과 글로는 부족해서 종이에 그림을 그려가면서 패턴을 쉽게 이해시킬 수 있는 방법론을 발전시켜왔습니다.
그렇게 오랜 연구에 걸쳐 10가지 가방 패턴에 대한 커리큘럼이 완성되었고, 초보자가 평균 18개월 정도 걸려 학습하는 과정을 이 책에 고스란히 담아 소개하게 되었습니다.

가방 패턴의 기본에서 응용까지

I형부터 L형까지는 모든 가방의 기초가 되는 패턴의 내용을 담고 있습니다.
처음 떠보는 패턴-I형 클러치, 처음 배워보는 입체-T형 쇼퍼백, 둥근 면의 길이를 재는 H형-버킷백, 옆판과 밑판이 이어지며 뚜껑을 만드는 L형-크로스백을 만드는 패턴 제작의 방법들을 담았습니다.

M형부터 U형까지, 명품의 스테디셀러들이 밀집해있는 형태들입니다.
완성형에 가깝다고 할 수 있는 3가지의 가방을 안정적인 형태로 만들고 그 위에 손잡이, 뚜껑, 잠금 장식 등의 작은 디테일들을 자연스럽게 얹는 노하우를 담았습니다.

V형부터 S형까지, 이전에 배운 7가지 기본 형태를 입체적으로 구현할 수 있을 때 비로소 만들 수 있는 형태들입니다.
명확하게 구별되었던 앞면, 옆면, 밑면이 서로 연결되어 복합적인 곡면을 만들어냅니다. 각 부분의 패턴들을 2~3번씩 뜨고 서로의 각도를 면밀히 맞추어야 하는 응용단계에 관한 패턴 제작법을 풀어내었습니다.

Chapter1에서는 그간 제가 디자인한 가방들을 형태별로 소개해놓았습니다. 이 책에 제작방법을 담지는 못했지만 그간 블로그, 유튜브 등에서 제작방법을 소개해놓았으니 관심 있는 분들은 아벡모로 계정을 참고해 주세요.
(Youtube @songyejin/Naver Blog @아벡모로)

Chapter2에서는 꼭 알아야 하는 패턴 이론에 관해 정리해두었습니다.

Chapter3에서는 각 형태와 합봉방식에 따른 패턴 제작 방법을 꼼꼼하게 담아두었습니다. 10가지 형태의 17가지 패턴 제작 방법을 모두 차근차근 익힌 후에는 어느새 어떤 가방의 패턴이든 척척 만들어내는 나를 발견할 수 있을 거예요.

"하루 한 페이지, 10분"

대부분의 수강생들이 패턴이 어렵다는 막연한 두려움을 가지고 공방의 문을 두드립니다.
나이가 많아서, 전공이 아니라서, 경험이 없어서 등의 걱정을 한 아름 가지고 말이지요.
하지만 제 공방에서 가죽공예를 처음 접한 3~40대 직장인분들도, 5~60대 어머님들도 3~4개월 동안 이 책의 커리큘럼대로 스스로 디자인한 가방을 종이 패턴으로 옮기고 입체적인 가죽 가방이 되는 과정을 직접 해보면서 비로소, '나도 할 수 있다.'는 자신감을 가지게 됩니다.

하루에 한 페이지, 10분만 읽어보세요.
처음이란 관문만 지나면, 작은 배움들이 쌓여 하나의 가방이 되어 있을거에요.
세 개의 가방을 만들고 나면, 하루 온종일 가방을 만들고 싶다는 생각으로 가득 차게 될 거에요.
열 개의 가방을 모두 만들고 나면, 어떤 가방이든 만들 수 있다는 자신감이 생길 거에요.

여러분의 아름다운 작업을 응원하며,
송예진 드림.

가방
패턴
클래스
A to Z

CONTENTS

Chapter 1

가방의 형태

I

Crocodile skin & Calf skin

Paphian Briefcase_2022

T

BR Calf skin

Barn wine bag _2019

Square _2022

Minerva & BR Calf skin

Intrecciàre nuttan bag _2016

Avecmoreau studio bag _2022

Jawjaw flourescent _2021

O

Box Calf skin & Baby Calf skin

Steppingstones Briefcase _2022

Black Dice Boston _2014

U

Woodgrain Calf skin & Canvas

Amelie _2021

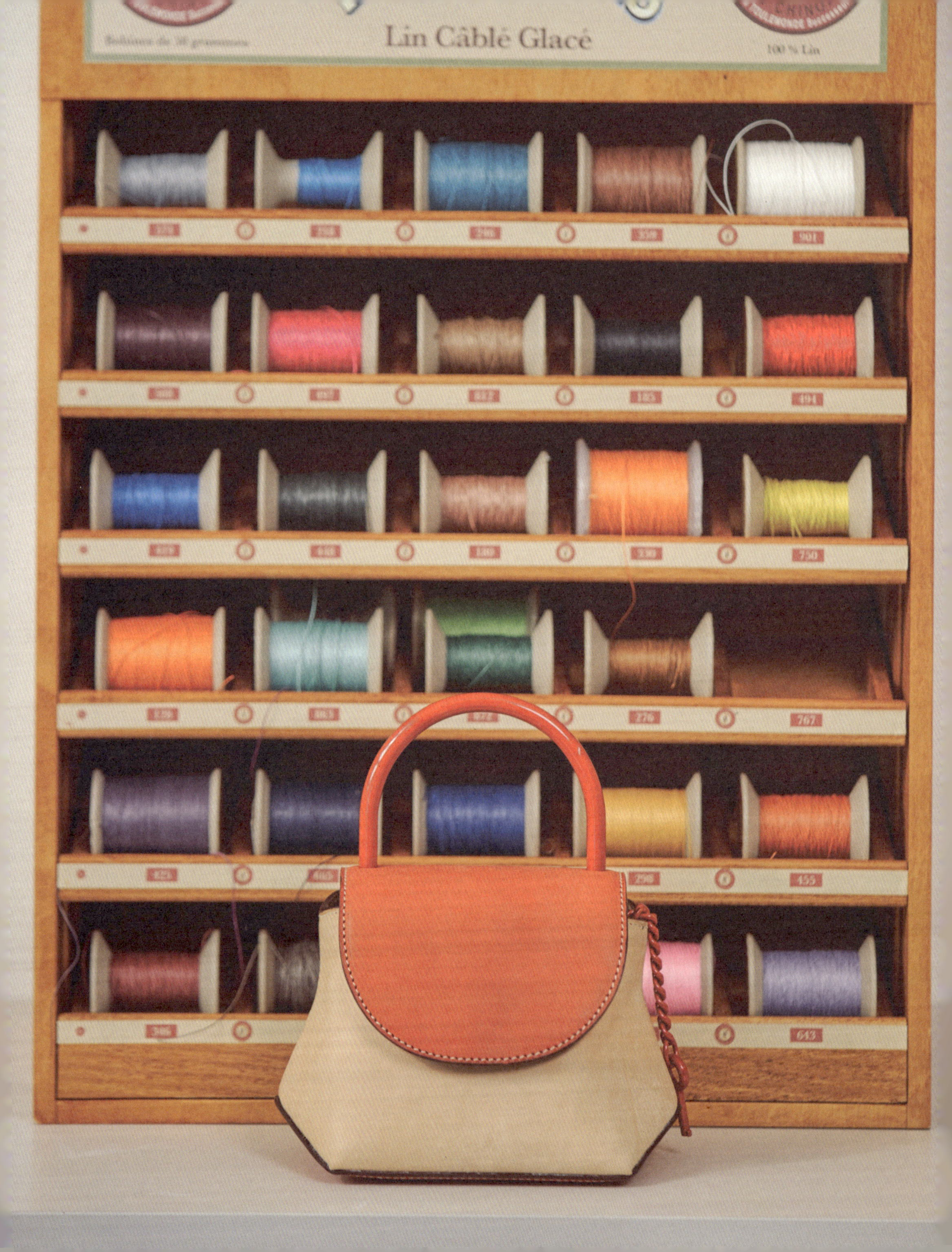
Lin Câblé Glacé
100 % Lin

Petit Skirt _2022

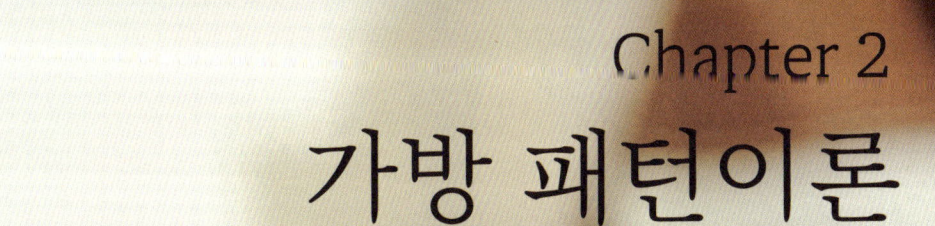

Chapter 2

가방 패턴이론

2 | 가방의 패턴이론

1. 패턴의 기준과 순서

디자인의 계획을 완전히 세운 후, 패턴을 뜨기 시작하는 것이 좋다. 큰 형태의 안정감을 토대로 원판을 만들고 그에 파생되는 옆판과 뚜껑, 그리고 작은 패치의 디자인을 순서대로 만드는 것을 기준으로 한다.

		디테일 (detail)		
		뚜껑 (flap)		
		상단 (top)		
손잡이 (handle)	옆판 (side)	원판 (body)	원판 디테일 (trim, patch)	안감 (lining)
		밑판 (bottom)		

2. 패턴의 종류 (명칭)

높은 퀄리티의 가방을 만들기 위해서는 필요한 패턴을 모두 만들어주는 것이 좋으며, 그 순서 또한 지켜주는 것이 좋다.
이때, 패턴을 세분화하는 과정은 아주 중요한데 닷지 〉피가다 〉보강형이라고 하는 3개의 패턴은 앞판, 옆판, 밑판 등
부분별로 각각 만들어주어야 하는 한 세트라고 생각하지.

피가다 : 닷지보다 4mm 큰 패턴.
닷지(정재단형) : 제품의 완성을 위해 필요한 정재단 패턴.
보강형 : 닷지보다 4mm 작은 패턴.

기본형

실물감을 익히기 위한 프로토 타입의 패턴으로 실제 가죽을 재단할 때 사용되진 않지만 가방이 어떤 크기와 비례로 나올지를 가늠할 수
있도록 해주며 가로 x 세로 x 폭의 비율을 확인한 후 재단해 준다.

닷지

원하는 크기와 형태로 만든 정재단형 패턴으로 닷지의 형태 그대로 제품이 완성되므로 최대한 정확하게 제작해 준다.

피가다 (닷지에서 +4mm)

가죽과 안감, 보강재를 가재단 하기 위해 필요한 패턴으로 닷지 패턴에서 엣지코트로 마감하는 면에 4mm씩 더해준다. 시접이나 헤리 등
겹쳐서 보이지 않는 부분은 더해줄 필요가 없다.

보강형 (닷지에서 -4mm)

가죽에 두께감, 텐션을 더해주기 위해 사용되는 패턴으로 닷지 패턴에서 엣지코트로 마감하는 면에 4mm 줄여주며 시접이나 헤리
면에서는 시접 길이를 제외한 후 4mm를 줄여준다. 고발포, 스판레이온, 덧싱 재단 시 사용된다.

안감형 (닷지에서 -2mm)

원판의 안쪽으로 들어가는 패턴으로 원판보다 -2mm 정도 작게 만들어주며 뚜껑이나 밑판과 원판의 연결부처럼 면이 꺾이는 부분 또한
-2mm씩 줄여서 제작해 준다.

3. 시접의 종류

합봉 방식에 따라 박음질을 위해 남기는 시접의 폭이 달라진다. 가방의 디자인에 따라 시접의 폭이 달라지며 패턴을 만드는
순서 또한 크게 다르므로, 디자인의 계획은 완전히 세운 후 패턴을 뜨는 것이 좋다.

01. 아웃스티치 시접 3mm

가죽 두 장을 마주 보게 겹친 뒤, 시접 3mm의 여유분을 두고 박음질하여 가죽의 단면이 드러나게 만들 때 사용한다.
소품부터 가방까지 두루 사용되는 박음질 기법이다.

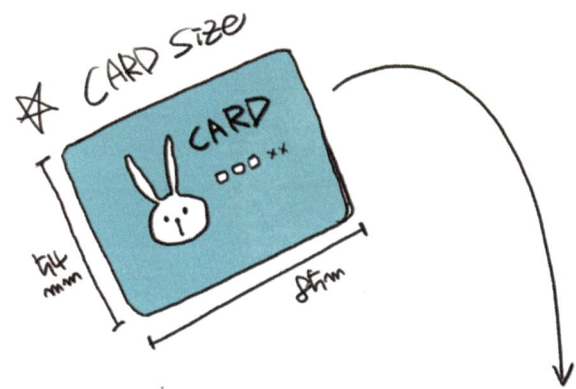

아웃스티치할 경우, 3mm 시접여유

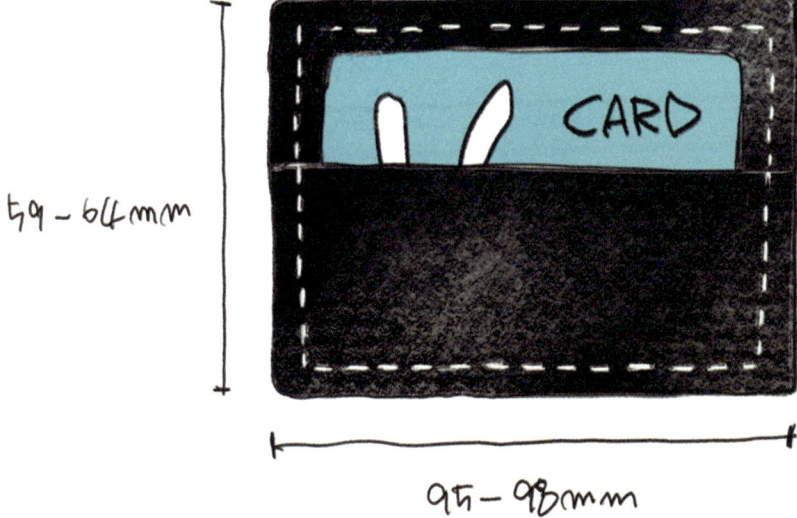

＊ 땀폭
카드케이스 사이즈에서
2.7 ~ 3mm 정도의 스티치 간격이 적당하다.
제품의 사이즈에 따라,
사용하는 실의 두께에 따라
바느질 땀의 폭을 조절해주는 것이 좋다.

＊ 가죽의 두께
카드케이스의 경우 2~2.4mm 두께로 완성하는 것이 평균적이지만
추구하는 느낌에 따라 달라질 수 있다.
심플하고 세련되게 만들 때는 얇게,
러프하고 전통적인 느낌을 주고 싶다면 3mm 보다
두껍게 완성하기도 한다.

02. 인스티치 시접 6mm

가죽 두 장의 겉면을 마주 보게 겹친 뒤, 시접 6mm의 여유분을 두고 박음질하여 뒤집어주면 바느질 선이 보이지 않게 가방을 만들 때 사용한다. 완성했을 때의 심미성과 내구성을 높이기 위해 파이핑을 가죽 사이에 넣어준다. 이때 시접은 6mm로 동일하다.

18mm

파이핑 시접 1.5mm

심재는 가죽끈, 면끈, PP(연질플라스틱) 등을 사용

a. 가죽의 두께는 자연스럽게 접힐 만큼 (가죽에 따라) 8~10mm 로 만들어준다. 1.5mm의 파이핑 심재를 사용할 경우, 파이핑을 감싸는 가죽은 18mm 폭으로 만들어준다.

b. 파이핑 가죽끈을 원판의 테두리에 붙여준다. 이 때, 상단에서 8mm 아래부터 파이핑이 시작되며, 곡선 부분은 파이핑 끈에 칼금을 넣어 자연스럽게 붙여준다.

c. 상단 부분은 가름솔해서 마무리해준다. (3.헤리시접 참고)

d. 완성된 모습

03. 헤리 시접 8mm

가죽의 가장자리를 접어서 마감하는 것을 헤리라고 하며, 8mm의 여유분을 준다.

1. 헤리 마감법

접던선 8mm

a. 9mm 폭을 피할해준다.
   가죽에 따라, 0.5~0.7mm 정도 두께로
   피할하면 자연스럽게 접힌다.

피할 9mm

b. 피할한 가죽의 가장자리에서
   8mm 선이 되는 부분을 꺾어 접어준다.

2. 가름솔 마감법

원판, 옆판, 스트랩 등을 이어붙일 때 사용하는 방법으로, 8mm의 여유분을 두고 박음질한 후, 남은 시접을 양옆으로 눌러 붙여주는 것을 가름솔이라 한다.

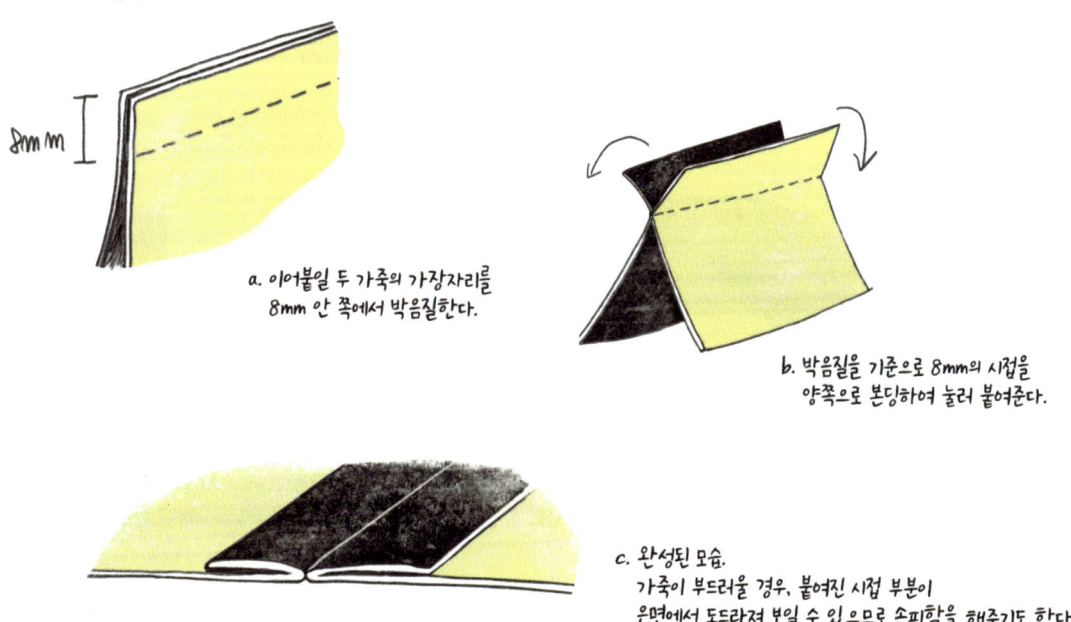

8mm

a. 이어붙일 두 가죽의 가장자리를
   8mm 안 쪽에서 박음질한다.

b. 박음질을 기준으로 8mm의 시접을
   양쪽으로 본딩하여 눌러 붙여준다.

c. 완성된 모습.
   가죽이 부드러울 경우, 붙여진 시접 부분이
   은면에서 도드라져 보일 수 있으므로 손피할을 해주기도 한다.

04. 엎어박기 시접 10mm

두 면이 서로 포개어질 때 사용하는 시접으로 가려지는 면에 10mm의 여유분을 더해준다.

1. 밑판과 원판과 겹쳐질 때

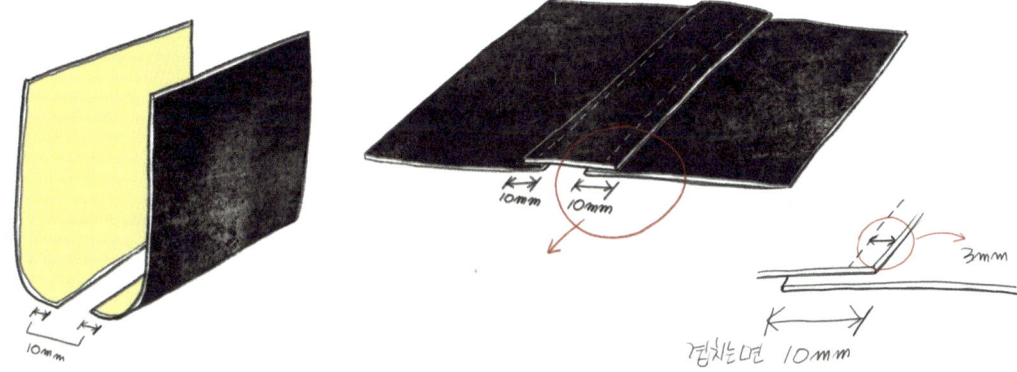

2. 원판을 옆판 위에 겹쳐서 엎어 박을 때

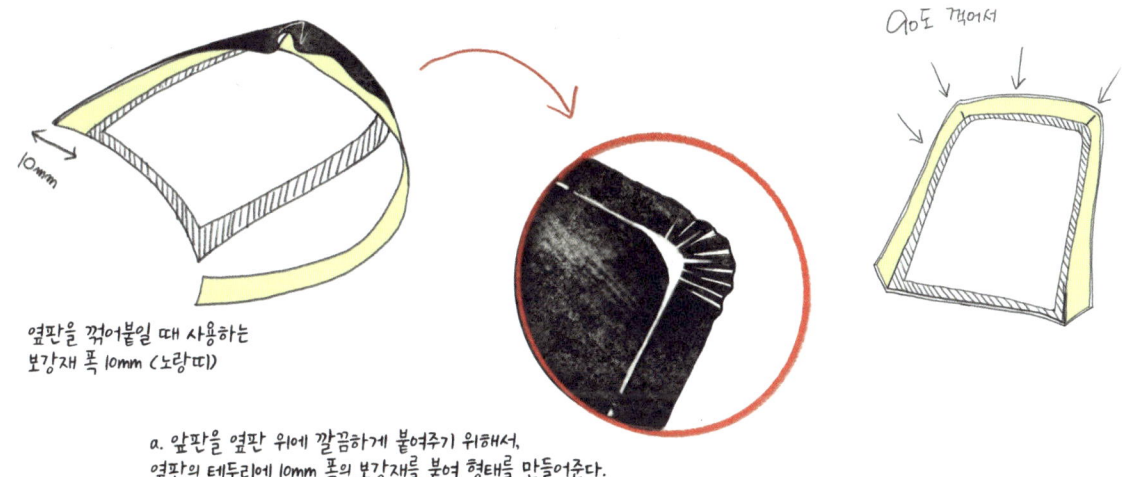

옆판을 꺾어붙일 때 사용하는
보강재 폭 10mm (노랑띠)

a. 앞판을 옆판 위에 깔끔하게 붙여주기 위해서,
옆판의 테두리에 10mm 폭의 보강재를 붙여 형태를 만들어준다.

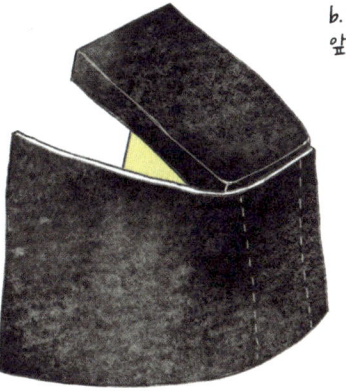

b. 보강된 옆판 10mm 위에
앞판+밑판을 올려붙여준다.

c. 완성된 모습

05. 브릿지 시접 15mm

두 면이 서로 연결될 때 가교 역할을 하는 띠를 브릿지라 한다. 이 브릿지의 폭을 15mm로 설정한다.

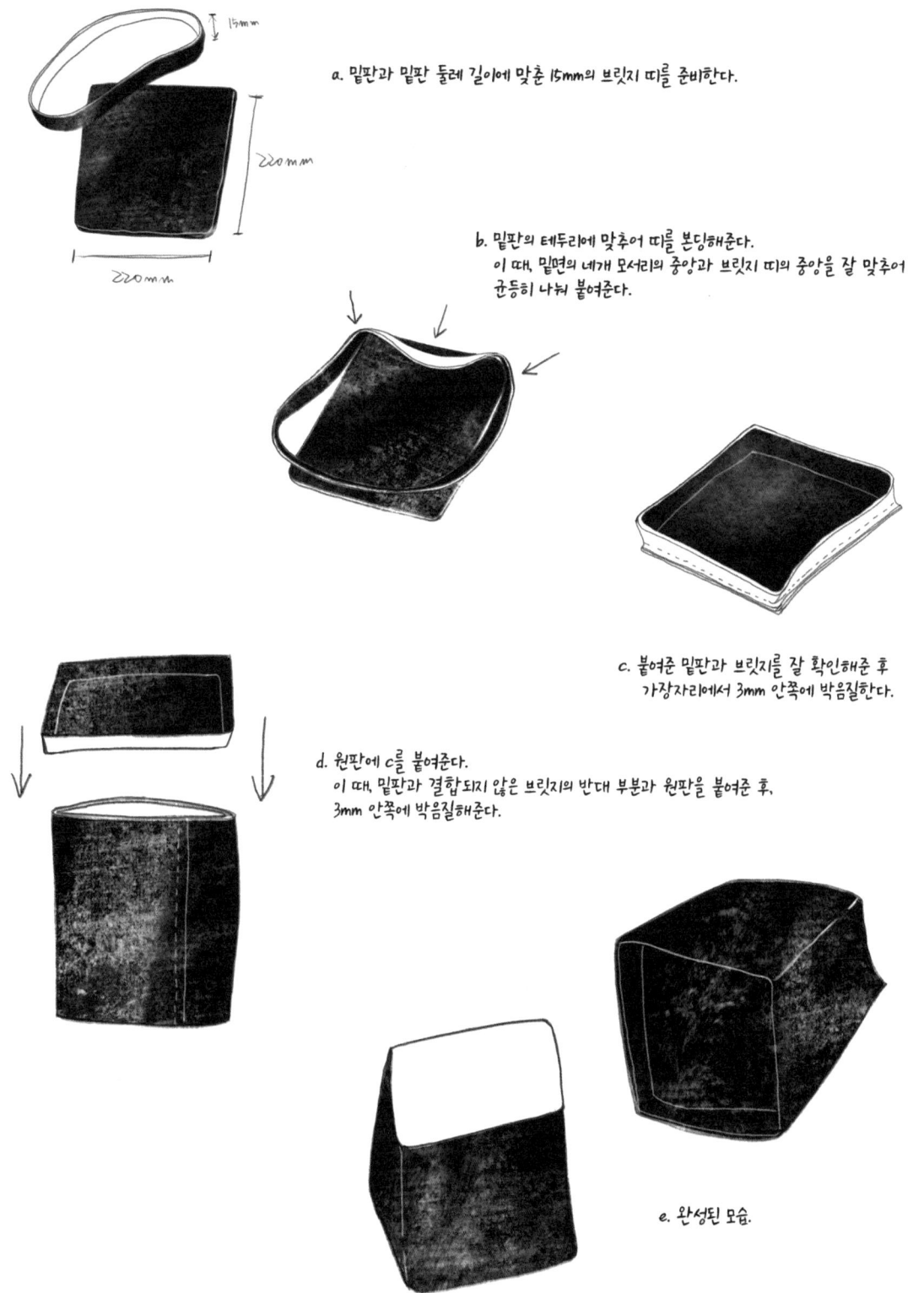

a. 밑판과 밑판 둘레 길이에 맞춘 15mm의 브릿지 띠를 준비한다.

b. 밑판의 테두리에 맞추어 띠를 본딩해준다.
이 때, 밑면의 네개 모서리의 중앙과 브릿지 띠의 중앙을 잘 맞추어
균등히 나눠 붙여준다.

c. 붙여준 밑판과 브릿지를 잘 확인해준 후
가장자리에서 3mm 안쪽에 박음질한다.

d. 원판에 c를 붙여준다.
이 때, 밑판과 결합되지 않은 브릿지의 반대 부분과 원판을 붙여준 후,
3mm 안쪽에 박음질해준다.

e. 완성된 모습.

4. 무조건, 대칭

패턴을 뜰 때 기준이 되는 칼금은 패턴의 대칭이 되는 것을 기준으로 한다.

왼쪽은 좌우가 대칭이 되므로 세로로 칼금을 넣고, 오른쪽은 상하, 좌우가 모두 대칭이 되므로 가로와 세로로 칼금을 넣어준다.

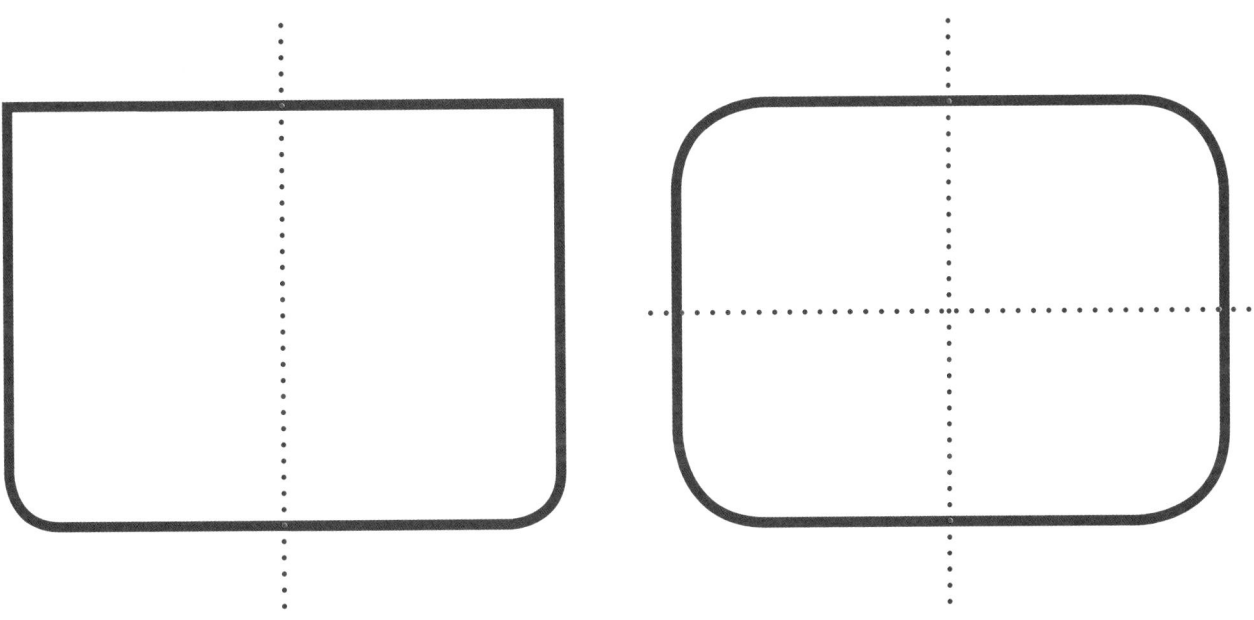

(—) 일자 패턴

패턴의 중심에 분할선을 넣고 분할선을 기준으로 반을 접어 원하는 모양의 패턴을 만든다.

이때, 패턴에 표시되어야 할 모든 요소들의 위치를 송곳이나, 칼끝으로 찍어 위치를 잡은 다음 분할선을 접어 같은 위치에 자리 잡도록 한다. (원판, 뚜껑, 안감 등의 대부분 패턴)

(+) 십자 패턴

패턴의 분할선이 십자로 들어간 패턴으로 위, 아래/ 좌우 면이 모두 대칭일 때 적용하게 된다.

(바닥, 핸들, 모모 등의 패턴)

5. 패턴 위의 점, 선, 면

가방을 만드는 패턴은 패턴사, 재단사, 미싱사 외 누가 보아도 이해가 가능하도록 만들어진 건축의 설계도면과 같은 기능을 가지므로 완성이 되었을 때 보이는 모든 내용을 그려 넣어야 한다. 바느질선, 패치와 포켓 등 모든 요소의 모양과 형태를 그려 넣어 누가 만들어도 동일한 완성품이 나올 수 있도록 최대한 면밀하고 자세하게 그려 넣어준다.

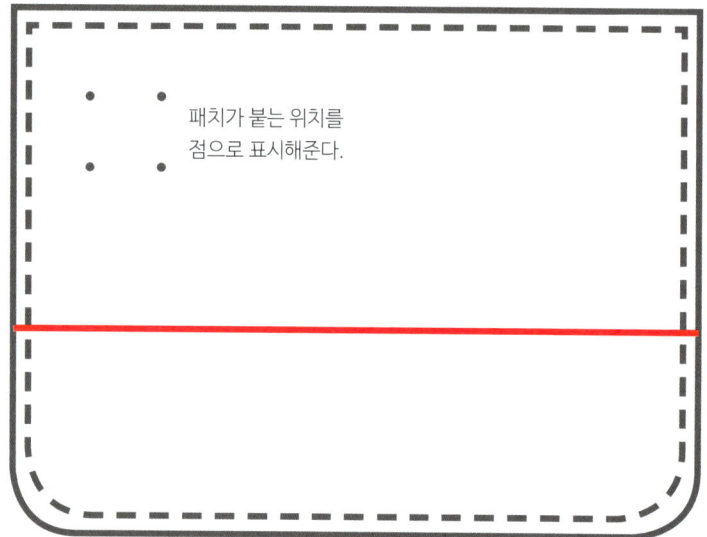

패치가 붙는 위치를
점으로 표시해준다.

박음질하는 선의 위치와
땀폭의 사이즈도 그려 넣어준다.

포켓처럼 선은 나누어지지만
원판과 분리되어 있을 경우,
붉은색으로 선을 그어준다.

Chapter 3

가방 패턴 제작

3 | 가방 패턴 제작

〈스케치북, 연필, 지우개〉
전체적인 형태와 디테일들을 스케치북에 그려서 디자인을 확정한 후, 본격적으로 패턴 제작에 들어간다.

〈패턴지, 삼색 볼펜〉
패턴지는 로얄아이보리 300g을 주로 사용하며, 삼색 볼펜을 사용하여 패턴지 위에 디테일한 정보를 그려 넣는다.

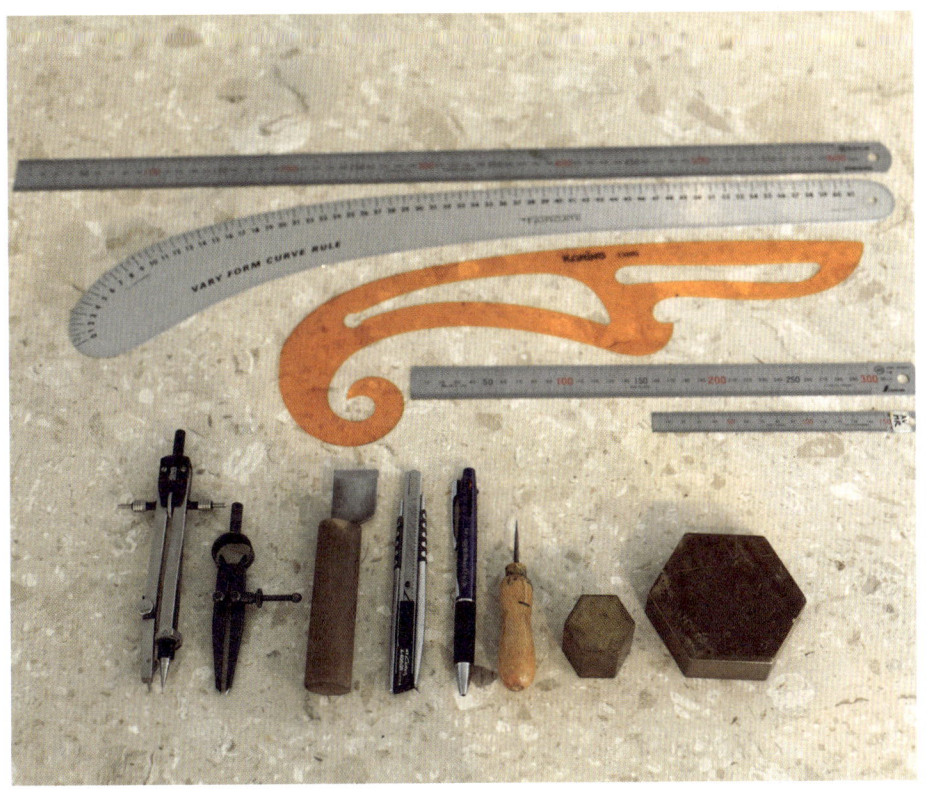

〈송곳, 콤파스, 디바이더, 쇠자, 곡자〉
보다 정확한 간격을 측정하기 위한 송곳과 쇠자, 자연스럽게 이어지는 선을 구현하기 위한 콤파스, 곡자, S 모드자를 사용한다.

〈30도 커터칼, 가죽칼〉
재단하려는 선의 종류와 각도에 맞게 다양한 칼을 사용한다.

〈문진〉
패턴을 옮겨 뜰 때 패턴지가 움직이지 않게 고정해 주는 역할을 한다.

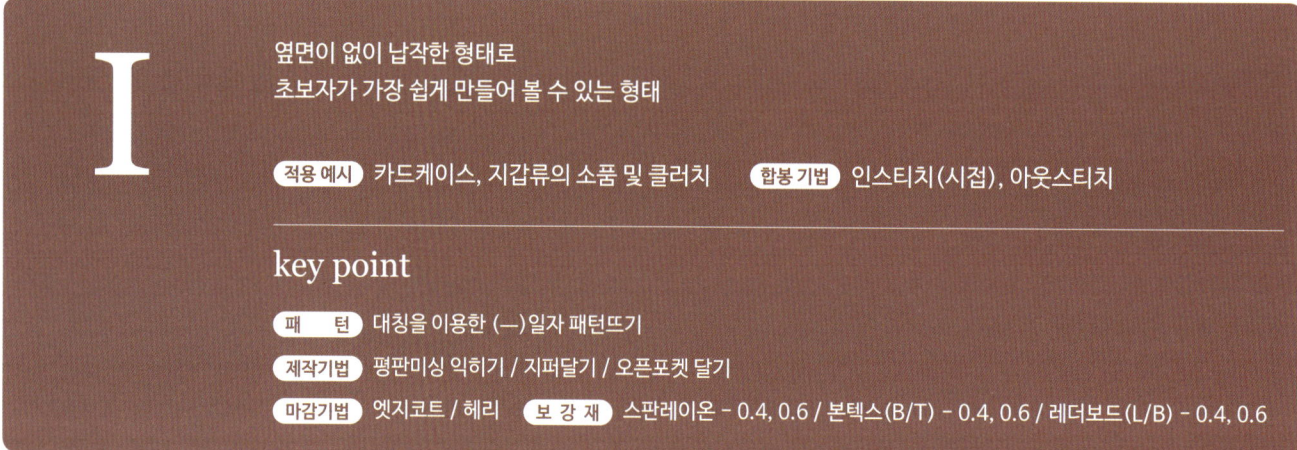

I

옆면이 없이 납작한 형태로
초보자가 가장 쉽게 만들어 볼 수 있는 형태

적용 예시 카드케이스, 지갑류의 소품 및 클러치   **합봉 기법** 인스티치(시접), 아웃스티치

key point

패　　턴 대칭을 이용한 (―)일자 패턴뜨기
제작기법 평판미싱 익히기 / 지퍼달기 / 오픈포켓 달기
마감기법 엣지코트 / 헤리   **보 강 재** 스판레이온 – 0.4, 0.6 / 본텍스(B/T) – 0.4, 0.6 / 레더보드(L/B) – 0.4, 0.6

패턴 한눈에 보기　　　　　　　　　　　　　　　　　　　　　　　　**인스티치**

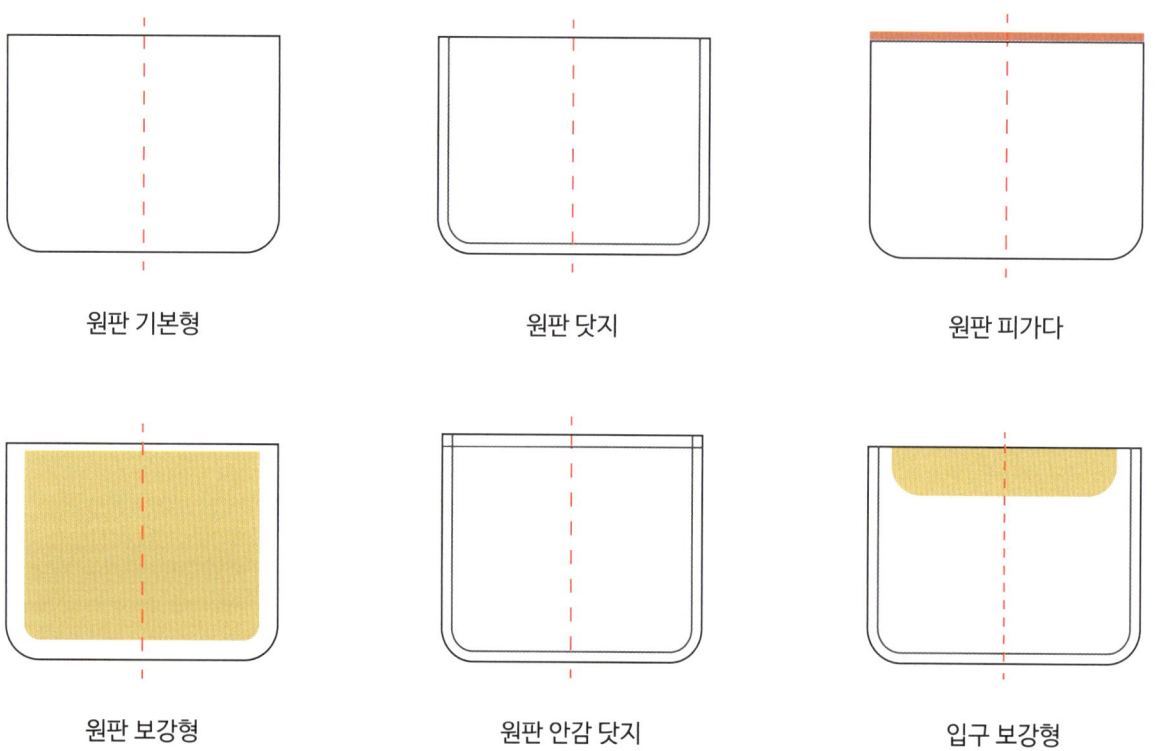

원판 기본형　　　　　　　　　원판 닷지　　　　　　　　　원판 피가다

원판 보강형　　　　　　　　　원판 안감 닷지　　　　　　　　　입구 보강형

패턴 제작의 순서 인스티치

1. 원판 기본형

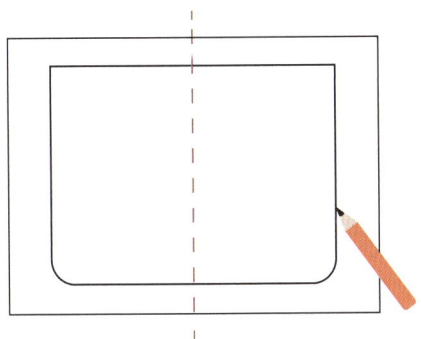

1. 디자인한 크기보다 넉넉한 종이를 준비한다.
2. (—)일자 칼금을 넣어준다.
3. 원판 전체를 그려서 형태와 비율을 확인한 후 재단해 준다.

3. 원판 피가다

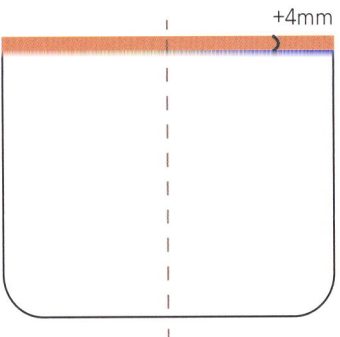

1. 닷지 크기보다 넉넉한 종이를 준비한다.
2. (—)일자 칼금을 넣어준다.
3. 닷지에서 윗면만 4mm 더해준다.
   * 피가다에서 4mm를 늘려주는 기준은 엣지코트로 마감이 되는 부분이다.
     시접 부분이나 겹쳐서 가려지는 부분은 닷지와 동일한 크기로 그려준다.

2. 원판 닷지

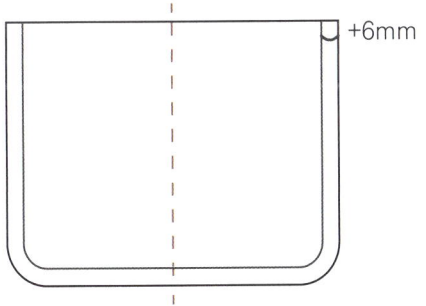

1. 기본형 크기보다 넉넉한 종이를 준비한다.
2. (—) 일자 칼금을 넣어준다.
3. 기본형에서 윗면을 제외한 3면에 시접 6mm를 더해준다.

4. 원판 보강형

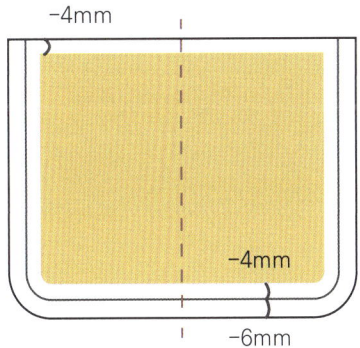

1. 닷지 크기보다 넉넉한 종이를 준비한다.
2. (—) 일자 칼금을 넣어준다.
3. 닷지에서 시접을 제외하고 4면 4mm씩 줄여준다.

5. 원판 안감 닷지

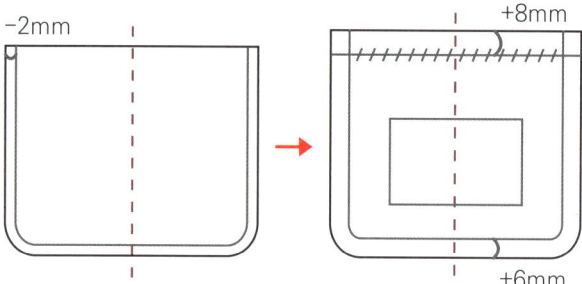

1. 닷지 크기보다 넉넉한 종이를 준비한다.
2. (一) 일자 칼금을 넣어준다.
3. 기본형에서 윗면을 제외한 3면을 2mm씩 줄여준 후 시접
   6mm씩 더해준다.
4. 지퍼가 달리는 부분(/////)은 안감을 접어서 마무리해야 함
   으로 헤리 8mm를 더해준다.
5. 적당한 위치에 원하는 포켓의 형태를 그려준다.

6. 입구 보강형

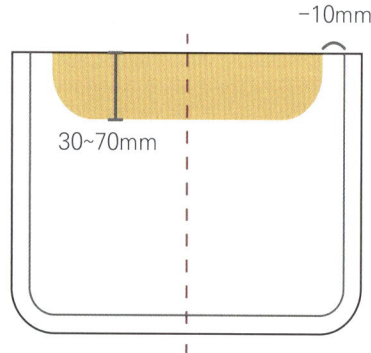

1. 가로 길이는 디자인한 가방의 가로 길이에서 시접을 제외 하
   고 10mm씩 줄여준다.
2. 높이는 가방의 크기의 따라 30~70mm로 잡아준다.
3. 아랫면의 양쪽은 곡선으로 만들어 준다.

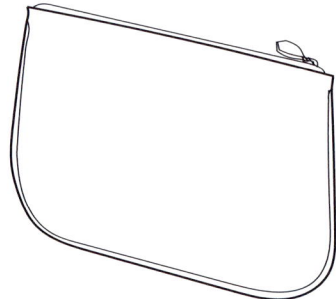

패턴 한눈에 보기 아웃스티치

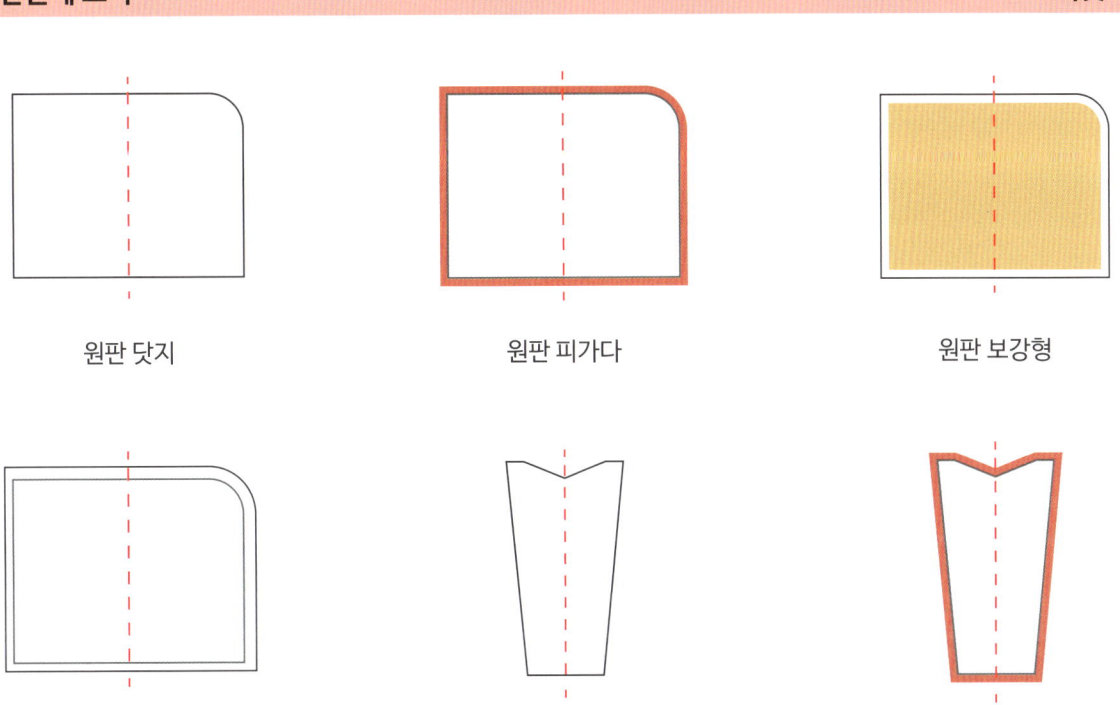

원판 닷지

원판 피가다

원판 보강형

원판 안감 닷지

옆판 닷지

옆판 피가다

패턴 제작의 순서   아웃스티치

1. 원판 닷지

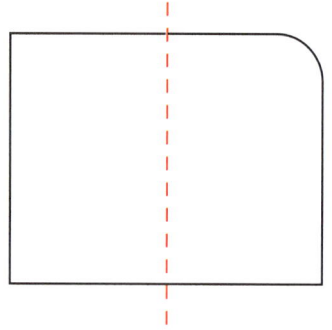

1. 디자인한 크기보다 넉넉한 종이를 준비한다.
2. (—) 일자 칼금을 넣어준다.
3. 원판 전체를 그려서 형태와 비율을 확인한 후 재단해 준다. 이때, 닷지 패턴은 완성될 실물과 동일하므로 스케치가 디테일할수록 이쁜 가방을 만들 수 있다.

3. 원판 보강형

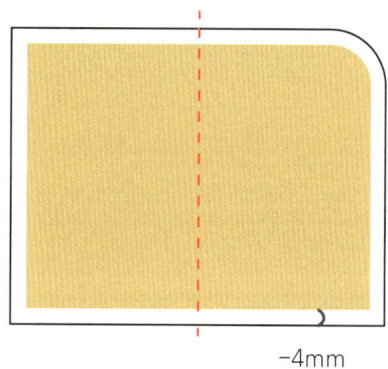

−4mm

1. 닷지 크기보다 넉넉한 종이를 준비한다.
2. (—) 일자 칼금을 넣어준다.
3. 닷지에서 4면 4mm씩 줄여준다.

2. 원판 피가다

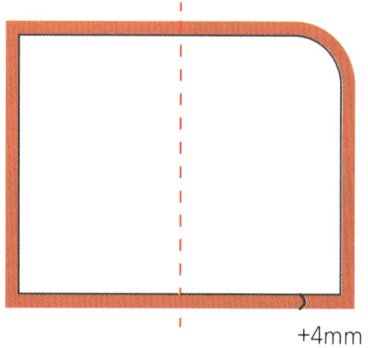

+4mm

1. 닷지 크기보다 넉넉한 종이를 준비한다.
2. (—) 일자 칼금을 넣어준다.
3. 닷지에서 4면 4mm씩 더해준다.

4. 원판 안감 닷지

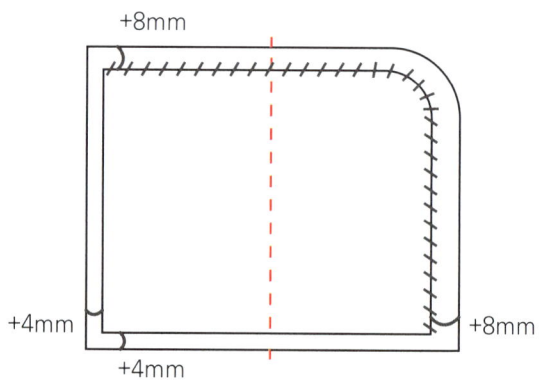

+8mm

+4mm   +8mm

+4mm

1. 닷지 크기보다 넉넉한 종이를 준비한다.
2. (—) 일자 칼금을 넣어준다.
3. 지퍼가 달리는 부분(/////)은 안감을 접어서 마무리해야 함으로 헤리 8mm를 더해준다.
4. 엣지코트로 마감될 단면(L)은 4mm씩 더해준다.

5. 옆판 닷지

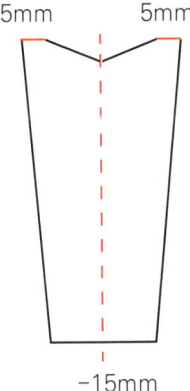

1. 디자인한 크기보다 넉넉한 종이에 (─) 일자 칼금을 넣어준다.
2. 세로 길이는 원판의 세로 길이에서 15mm를 줄여준다.
3. 옆판의 폭은 가방 크기에 비례해서 줄자를 이용하여 측정한다.
4. 아랫면의 폭은 윗면의 폭보다 좁아야 하며, 약 10mm 정도를 옆판의 폭은 줄여준다.

 * 원판과 옆판이 함께 바느질되어 완성됐을 때 실이 흘러내리지 않도록 옆판 상 단에 5mm의 여유폭을 준다.
 * 지퍼를 여닫을 때 불편함이 없도록 윗면의 중앙을 약 10mm 파주는 형태로 디자인한다.

6. 옆판 피가다

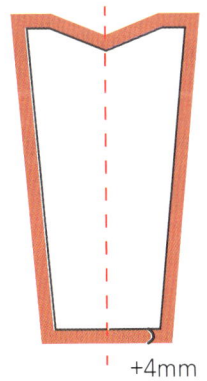

1. 닷지 크기보다 넉넉한 종이를 준비한다.
2. (─) 일자 칼금을 넣어준다.
3. 닷지에서 4면 4mm씩 더해준다.

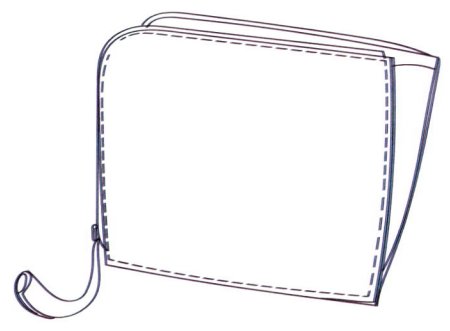

패턴 한눈에 보기 포켓

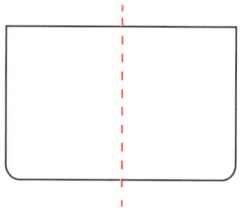

가죽용 포켓 닷지

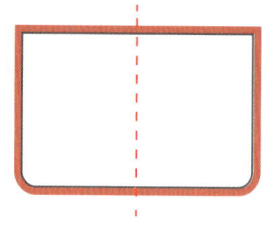

가죽용 포켓 피가다

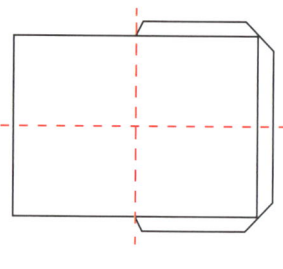

안감용 포켓 닷지

패턴 제작의 순서

포켓

1. 가죽용 포켓 닷지

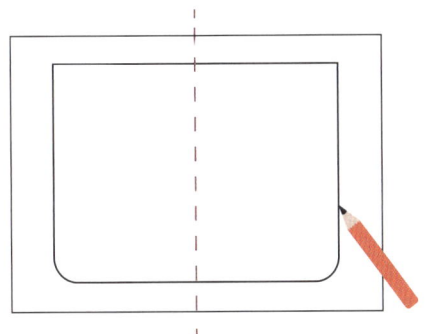

1. 디자인한 크기보다 넉넉한 종이를 준비한다.
2. (一) 일자 칼금을 넣어준다.
3. 안감형에 그린 포켓의 크기와 형태로 재단한다.

3. 안감용 포켓 닷지

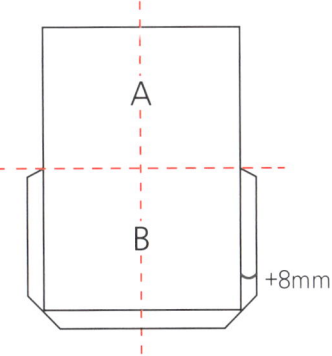

1. 원단은 가죽보다 두께가 얇아 2겹으로 만들어 줘야 하므로, 계획한 포켓의 크기보다 2배 넉넉하게 패턴지를 재단한다.
2. (+)십자 칼금을 넣고 칼금의 위쪽(A)에 계획한 크기와 형태를 스케치한 후 칼금 아래(B) 쪽에도 똑같이 그려준다. 이때 원단을 반으로 접은 후 드러나는 단면에 보풀이 생길 수 있으므로 B의 테두리에는 헤리 마감할 수 있게 8mm씩 더해준다.

2. 가죽용 포켓 피가다

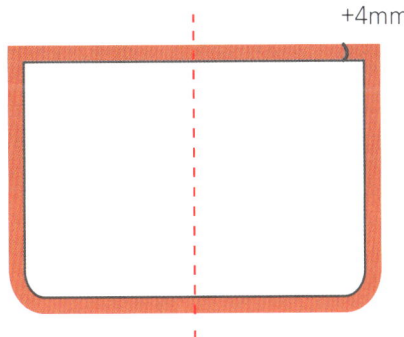

1. 닷지 크기보다 넉넉한 종이를 준비한다.
2. (一) 일자 칼금을 넣어준다.
3. 닷지에서 4면 4mm씩 더해준다.

T

옆면의 절개가 T자처럼 생겨 T형 패턴이라 한다.
한장의 패턴으로 원판, 옆판, 밑판을 커버할 수 있는 가방의 기본형태이며,
여러 가방에 응용할 수 있는 가성비 높은 패턴이다.

(적용 예시) 쇼퍼백, 토트백   (합봉 기법) 인스티치(시접)

key point

(패   턴) 일자(—)와 십자(+) 패턴의 차이점
(제작기법) 평판과 타프미싱 구별하여 사용하기 / 입구 보강과 바닥 보강 / 납작 손잡이 달기
(보 강 재) 실루피 – 1.0 / 부직포 50g

패턴 한눈에 보기　　　　　　　　　　　　　　　　　　　　　　　　　　**인스티치**

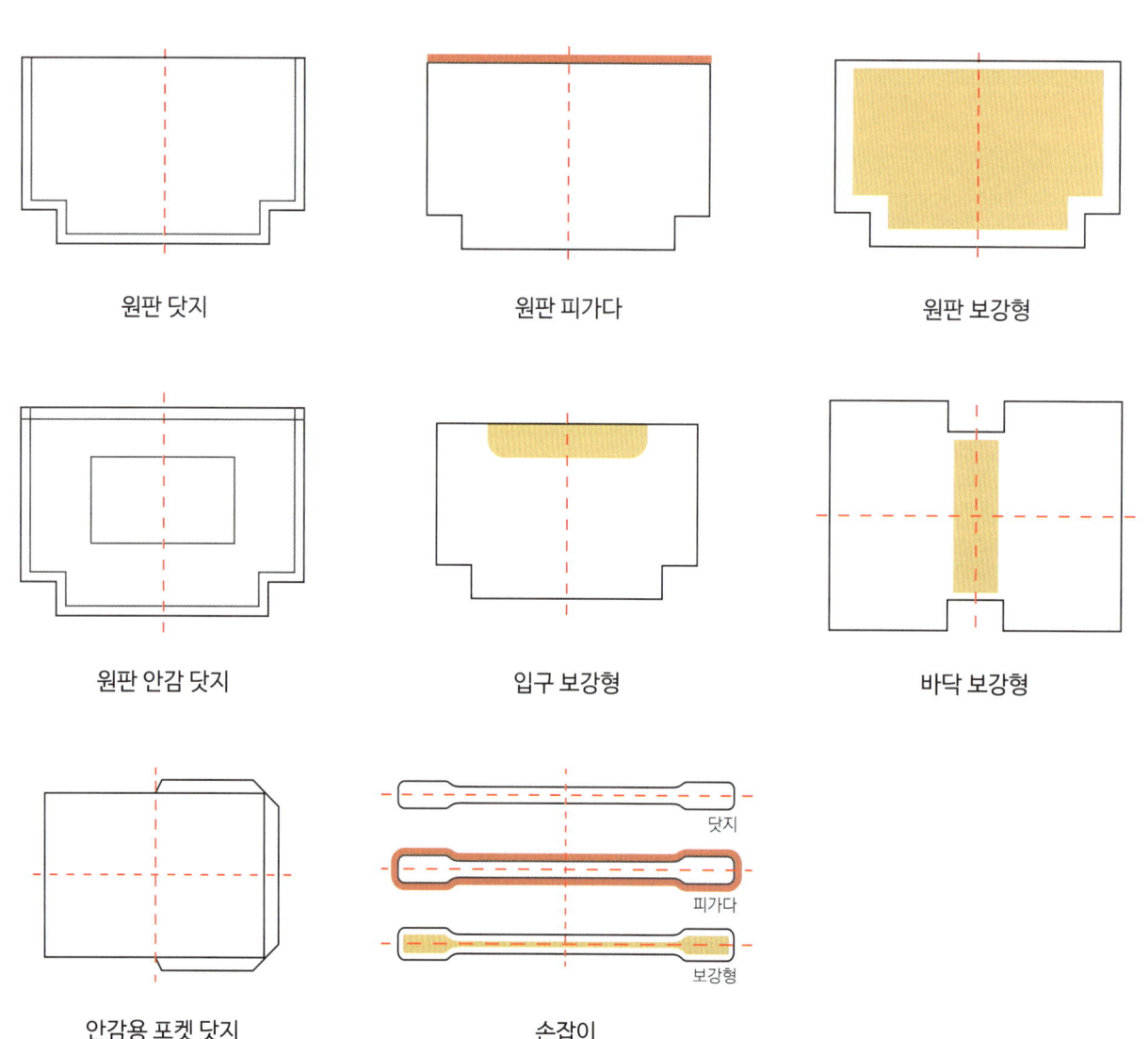

원판 닷지　　　　　　　　원판 피가다　　　　　　　　원판 보강형

원판 안감 닷지　　　　　　입구 보강형　　　　　　　　바닥 보강형

안감용 포켓 닷지　　　　　손잡이

패턴 제작의 순서   인스티치

1. 스케치&디자인

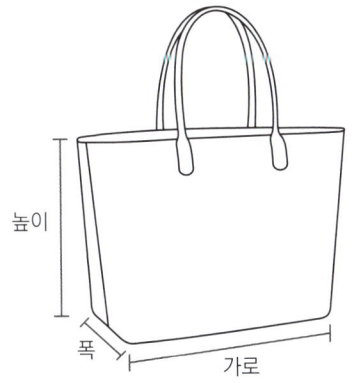

1. 가로 x 높이 x 폭의 크기를 정하고 A4용지에 입체형태를 그려준다.
2. 손잡이, 포켓, 장금 장식 등 디자인한 요소를 디테일하게 계획할수록 이쁜 가방을 만들 수 있다.

3. 원판 닷지

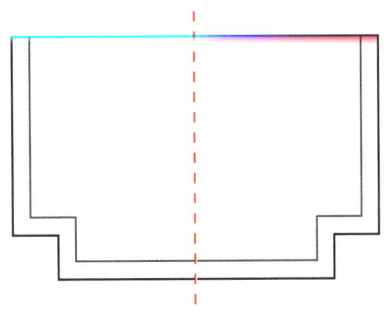

1. 기본형에서 윗면을 제외한 3면에 시접 6mm를 더해준다.

2. 원판 기본형

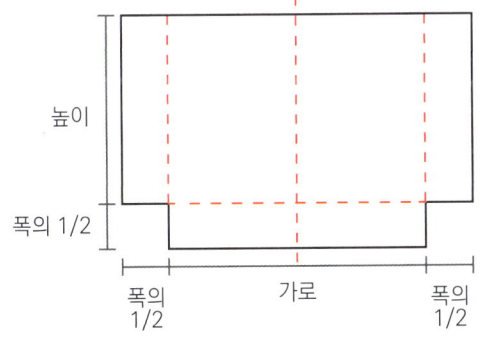

1. 기본형으로 가방이 완성됐을 때의 실물감을 살펴볼 수 있다.
2. 꺾이는 부분에 칼금을 넣고 세워볼 수 있으며, 보다 생생하게 실물 크기를 살펴볼 수 있다.
3. 기본형의 비례가 마음에 들지 않는다면 몇 번이라도 수정한다. 패턴 제작에서 기본형은 전체적인 디자인을 결정짓는 부분이므로 신중하게 만들어준다.

4. 원판 피가다

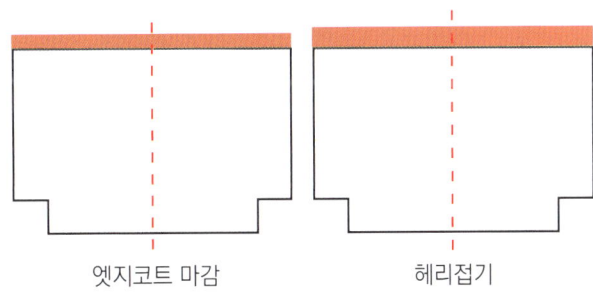

엣지코트 마감   헤리접기

1. 엣지코트 마감 : 원판 닷지에서 윗면을 4mm 더해준다.
2. 헤리 마감 : 원판 닷지에서 윗면을 8mm 더해준다.

    * 시접이나 헤리가 되는 부분은 피가다에서 늘려주지 않는다.

5. 원판 보강형

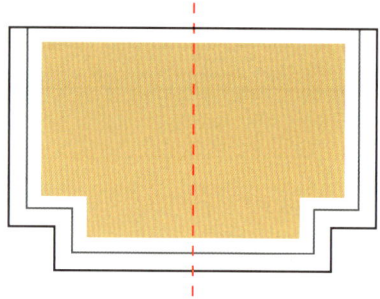

1. 닷지에서 시접을 제외하고 4면 4mm씩 줄여준다.

7. 입구 보강형

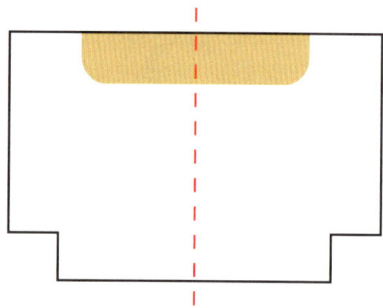

1. 가로 길이는 디자인한 가방의 가로 길이에서 양쪽을 10mm 씩 줄여준다.
2. 높이는 가방의 크기의 따라 30~70mm로 잡아준다.
3. 아랫면의 양쪽은 곡선으로 만들어 준다.

6. 원판 안감 닷지

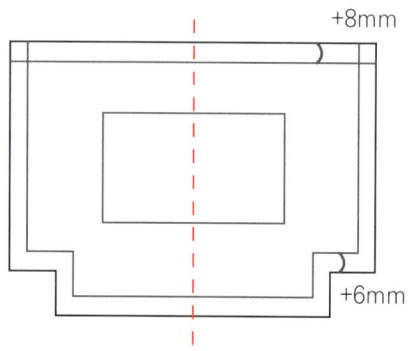

+8mm

+6mm

1. 기본형에서 윗면을 제외한 3면에 2mm씩 줄여준다.
2. 윗면을 제외한 3면에 시접 6mm를 더해준다.
3. 윗면은 안감을 접어서 마무리해야 하므로 헤리 8mm를 더해 준다.

8. 바닥 보강형

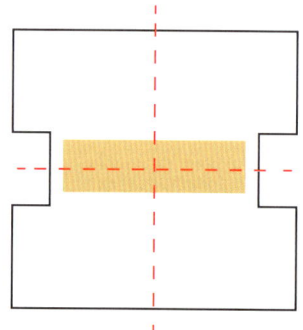

1. 디자인한 가방의 가로와 폭 길이에서 4면 4mm씩 줄여준다.

9. 스트랩 길이 설정

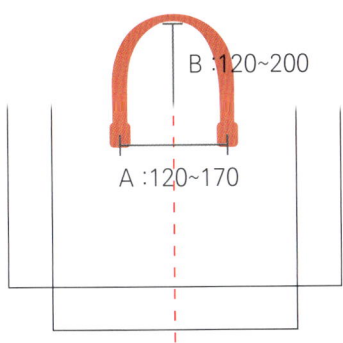

1. A. 스트랩 간격 : 가방 크기에 따라 손잡이의 중심을 기준으로 120~170mm 사이가 적당하다.
2. B. 높이 설정 : 가방 원판의 상단에서 스트랩 사이의 여유 공간을 120~200mm 기준으로 예산해 본다.

  * 비례감, 사용목적을 고려하여 높이를 설정한다.
    (참조 : 손으로 들 때 120mm, 팔에 걸때 150mm, 어깨에 맬 때 200mm)

11. 안감용 포켓 닷지

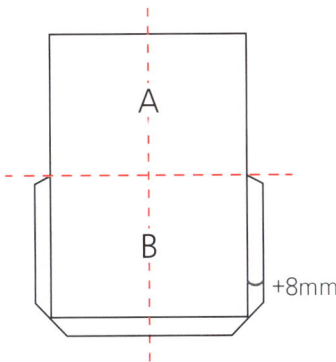

1. 원단은 가죽보다 두께가 얇아 2겹으로 만들어 줘야 하므로, 계획한 포켓의 크기보다 2배 넉넉하게 패턴지를 재단한다.
2. (+) 십자 칼금을 넣고 칼금의 위쪽(A)에 계획한 크기와 형태를 스케치한 후 칼금 아래(B) 쪽에도 똑같이 그려준다. 이때 원단을 반으로 접은 후 드러나는 단면에 보풀이 생길 수 있으므로 B의 테두리에는 헤리 마감할 수 있게 8mm씩 더해준다.

10. 스트랩

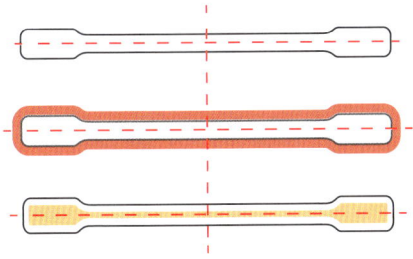

1. 닷지 : 폭은 15~25mm 사이로 (+)십자패턴으로 만들어준다.
2. 피가다 : 닷지에서 4면 4mm면 씩 더해준다.
3. 보강형 : 닷지에서 4면 4mm씩 줄여준다.

밑판이 둥글며, 옆면의 절개가 H자 형태로 보인다.
둥근 형태의 길이를 재는 방법을 배울 수 있으며,
간단한 패턴으로 쉽고 빠르게 만들 수 있다.

(적용 예시) 버킷백, 드라스트링   (합봉 기법) 인스티치(시접), 브릿지

key point

(패   턴) 십자(+)패턴을 이용해 둥근형태 뜨기 / 둥근 형태의 둘레 재는 방법 / 모모와 모리감
(제작기법) 둥근형태와 원판 합봉하기(파이핑/브릿지) / 모모 달기 / 조임끈, 아일렛 달기

패턴 한눈에 보기   **인스티치**

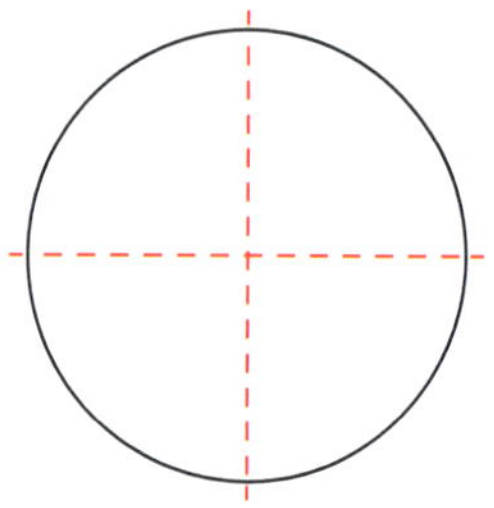

밑판 기본형 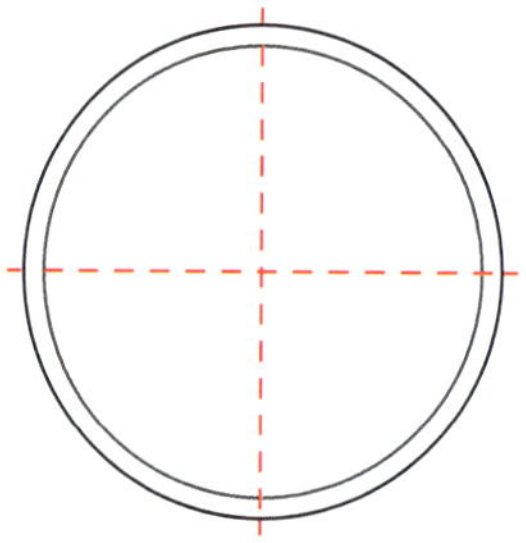   밑판 닷지 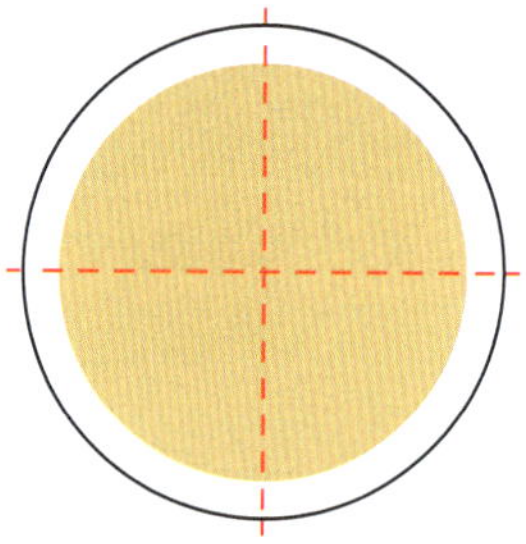   밑판 보강형

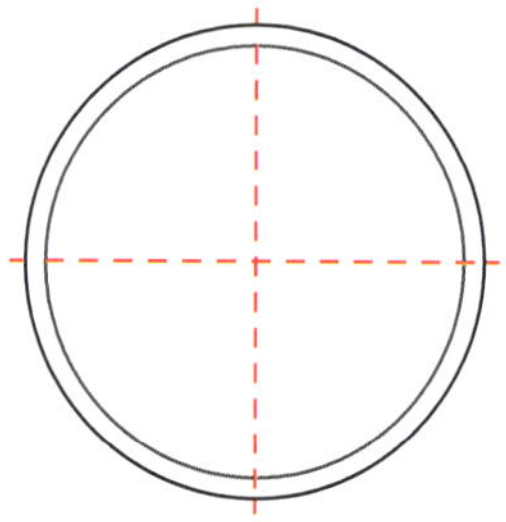

밑판 안감 닷지 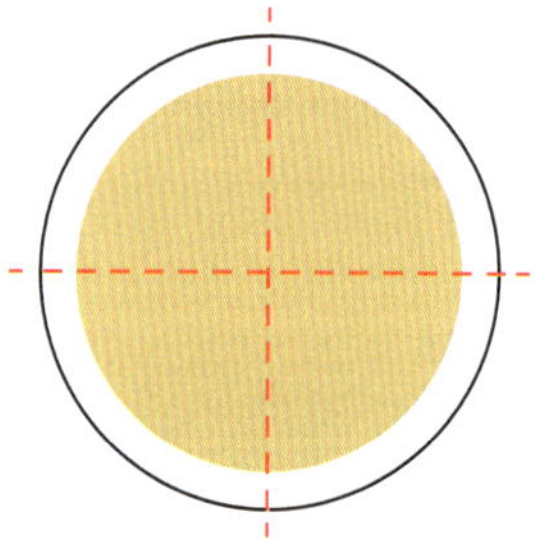   밑판 안감 보강형 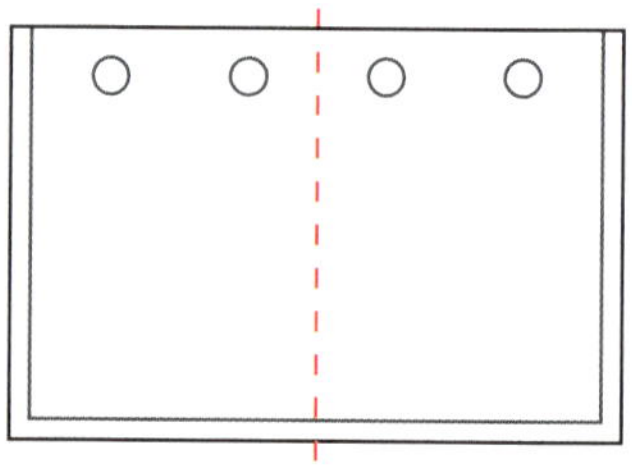   원판 닷지

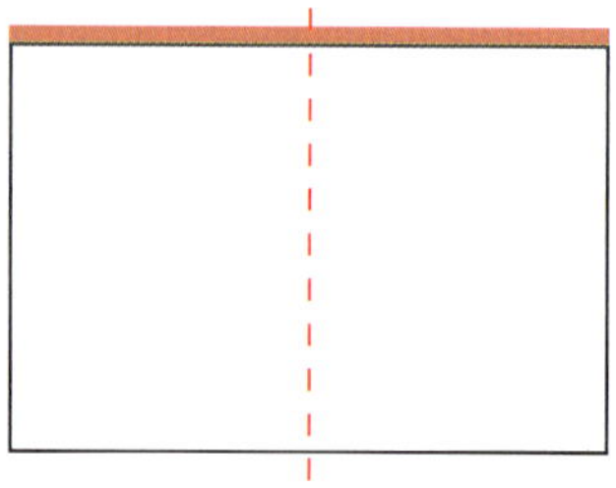

원판 피가다 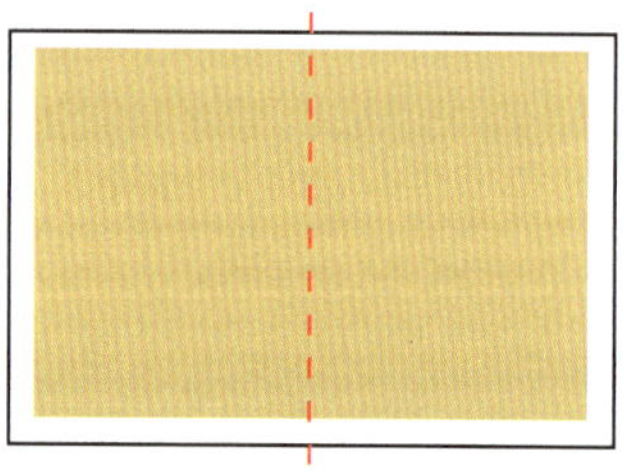   원판 보강형 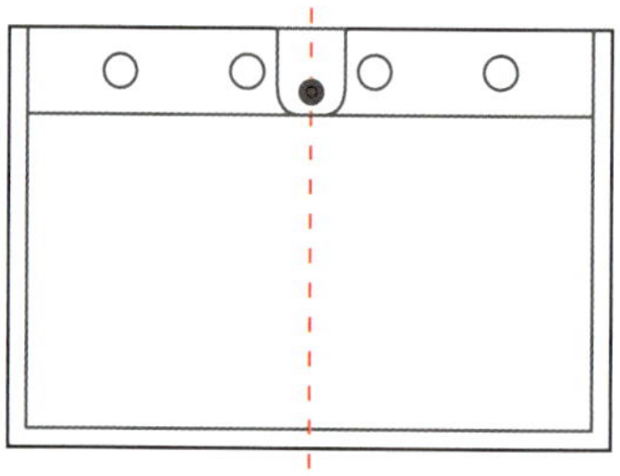   원판 안감 기본형

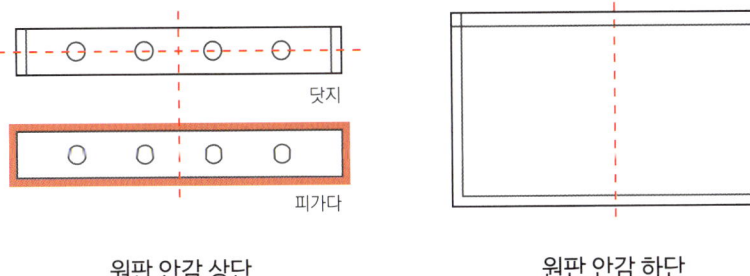

닷지

피가다

원판 안감 상단

원판 안감 하단

패턴 제작의 순서

1. 스케치&디자인

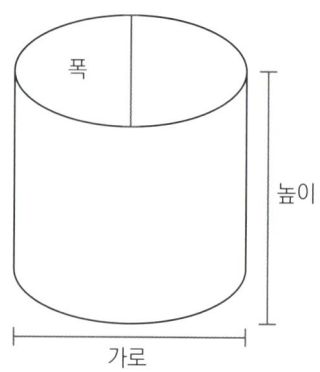

1. 가로 x 높이 x 폭의 크기를 정하고 A4용지에 입체 형태를 그려준다.
2. 밑판의 형태는 정원에서 타원까지 다양한 원형을 구사할 수 있다.
3. 손잡이, 포켓, 아일렛 등 디자인한 요소를 디테일하게 계획할수록 이쁜 가방을 만들 수 있다.

2. 밑판 기본형

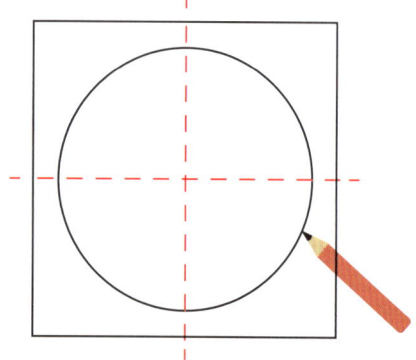

1. 디자인한 크기보다 넉넉한 종이를 준비한다.
2. (+) 십자 칼금을 넣어준다.
3. 밑판 전체를 그려서 형태와 비율을 확인한 후 재단해 준다.

　* 큰 곡면을 매끄럽고 자연스럽게 만들기 위해서는 커터 칼보다 가죽 칼로 재단하는 방법이 유리하다.

　* 1/4을 먼저 재단하고 접어서 1/4, 반대편으로 접어서 2/4를 재단한다. 칼금을 기준으로 4면이 모두 동일해야 원판과 합체할 때 꼭 맞게 들어맞을 수 있다.

3. 밑판 닷지

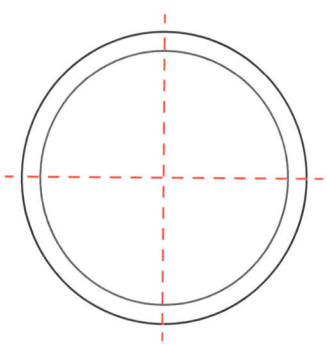

1. 기본형에서 사방 시접 6mm를 더해준다.

　* 시접이 들어가는 경우 별도의 피가다를 만들 필요가 없다.

4. 밑판 보강형

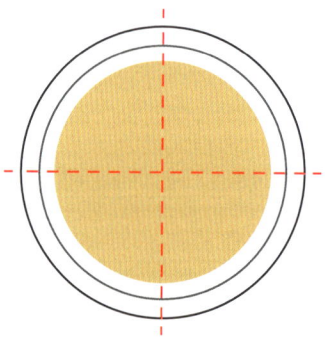

1. 닷지에서 시접을 제외하고 사방 4mm씩 줄여준다.

5. 밑판 안감 닷지

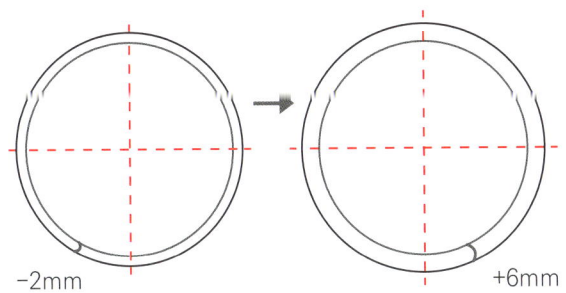

1. 밑판 기본형에서 2mm를 줄여준 후 시접 6mm를 더해준다.

7. 원판의 가로 길이 구하기

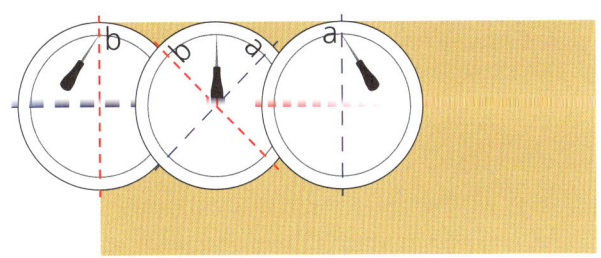

1. 밑판의 둘레를 대략 구하고, 종이를 넉넉하게 재단한다.
2. 밑판의 중앙이 원판의 중앙에 겹쳐진 상태에서 밑판 둘레의 길이를 구하기 시작한다.
3. 밑판의 엣지와 원판 상단의 엣지가 딱 맞물리도록 밑판 1/4 둘레의 길이를 측정한다.
4. 3회 굴려서 나온 길이의 평균값으로 가로 길이를 정한다.

   * 원판과 밑판을 합체할 때, 시접 6mm 안쪽에서 바느질되므로 밑판의 6mm 안쪽이 축이 되어 원판의 가로 길이를 측정한다.

6. 밑판 안감 보강형

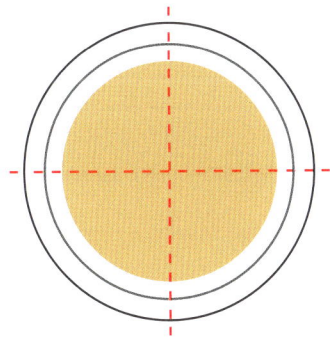

1. 안감 닷지에서 시접을 제외하고 사방 4mm씩 줄여준다.

8. 원판 닷지

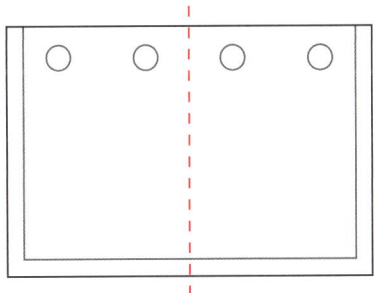

1. 세로 길이는 변하지 않으므로 디자인한 높이에 밑판과 결합이 될 시접 6mm를 더해준다.
2. 가로 길이는 위에서 구한 값의 양쪽에 시접 6mm를 더해준다.

9. 원판 피가다

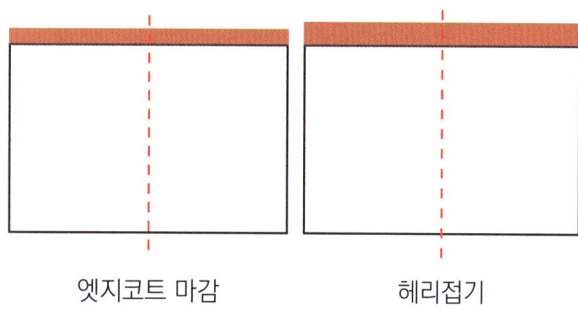

엣지코트 마감   헤리접기

1. 엣지코트 마감 : 원판 닷지에서 윗면에 4mm를 더해준다.

2. 헤리 마감 :원판 닷지에서 윗면에 8mm를 더해준다.

   * 시접이나 헤리가 되는 부분은 피가다에서 늘려주지 않는다.

11. 원판 안감 기본형

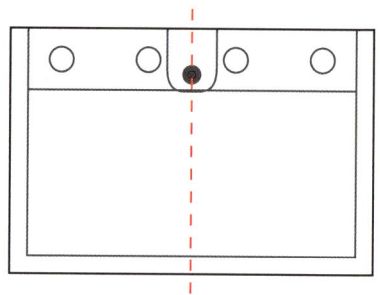

1. 원판 닷지에서 윗면을 제외한 3면에 2mm씩 줄여준다. 이때 원판의 길이가 줄어드는 것이며, 시접은 6mm로 동일하다.

10. 원판 보강형

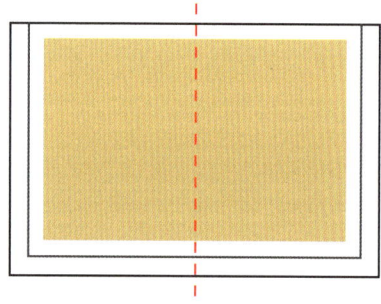

1. 닷지에서 시접을 제외하고 4면 4mm씩 줄여준다.

12. 원판 안감 상단

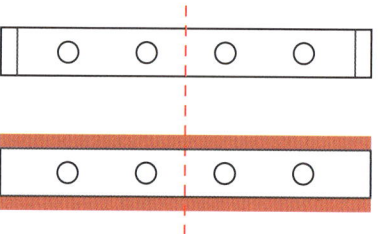

1. 가로의 길이는 안감 기본형과 동일하다.

2. 띠의 폭은 아일렛이 들어가는 것을 고려하여 원하는 폭으로 만들어 준다.

3. 아일렛은 띠의 폭 정중앙에 오도록 배치해 준다.

4. 피가다는 닷지에서 시접을 제외하고 4mm씩 더해준다.

13. 앞 뒤 안감 하단

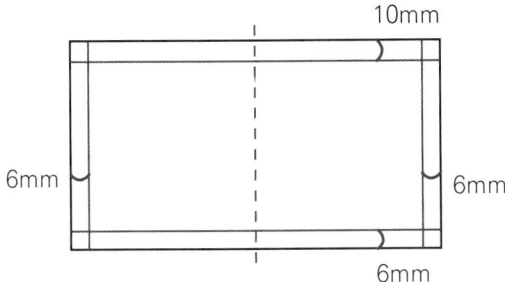

1. 기본형에 그려놓은 선의 하단부에 상단 가죽띠와 겹쳐지는 여
   유분을 더해준다.
2. 3면의 시접 6mm 폭과 상단 10mm 겹쳐지는 폭을 그려준다.

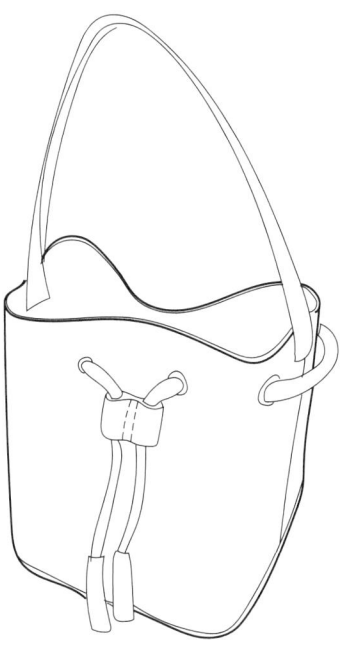

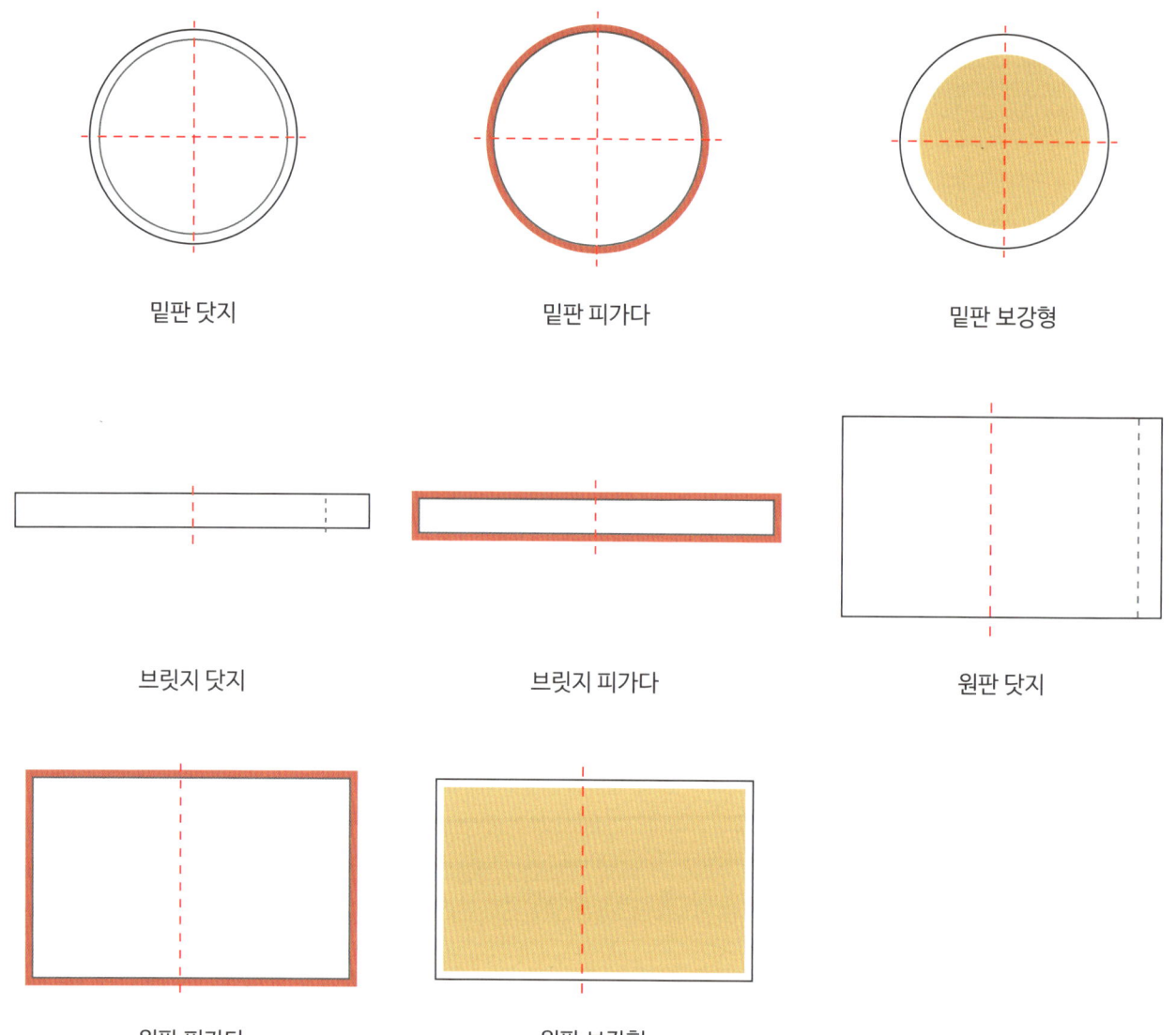

밑판 닷지   밑판 피가다   밑판 보강형

브릿지 닷지   브릿지 피가다   원판 닷지

원판 피가다   원판 보강형

패턴 제작의 순서   브릿지

1. 밑판 기본형

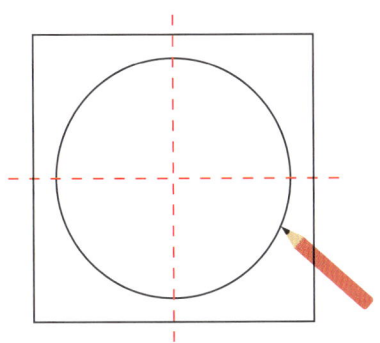

1. 디자인한 크기보다 넉넉한 종이를 준비한다.

2. (+) 십자 칼금을 넣어준다.

3. 밑판 전체를 그려서 형태와 비율을 확인한 후 재단해 준다.

   * 큰 곡면을 매끄럽고 자연스럽게 만들기 위해서는 커터 칼보다 가죽 칼로 재단하는 방법이 유리하다.

   * 1/4을 먼저 재단하고 접어서 1/4, 반대편으로 접어서 2/4를 재단한다. 칼금을 기준으로 4면이 모두 동일해야 원판과 합체 할 때 꼭 맞게 들어맞을 수 있다.

2. 밑판 닷지

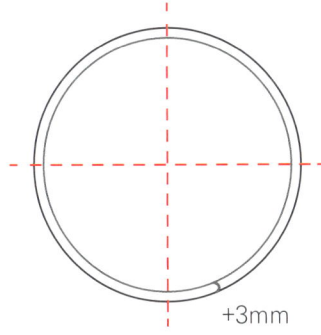

+3mm

1. 기본형에서 사방 3mm씩 더해준다.

3. 피가다

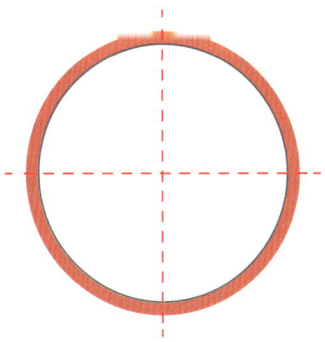

1. 닷지에서 사방 4mm씩 더해준다.

4. 보강형

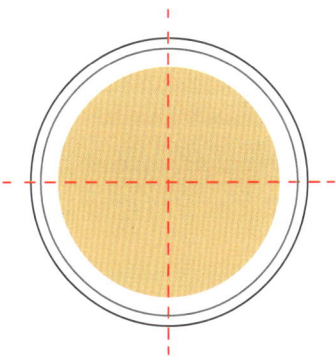

1. 닷지에서 사방 7mm씩 줄여준다.

5. 브릿지 닷지 (아대)

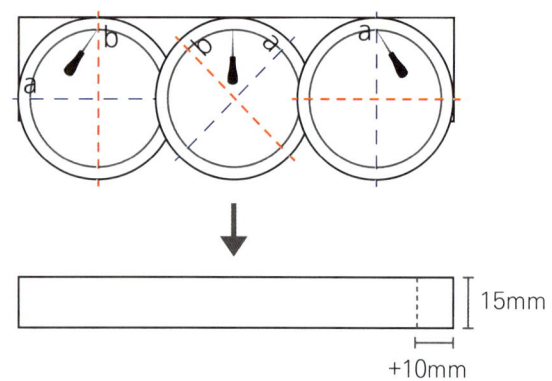

15mm

+10mm

1. 대략적으로 밑판의 둘레를 구하고 종이를 넉넉하게 재단한다.
2. 브릿지의 높이는 15mm로 재단한다.
3. 밑판 닷지의 3mm 안쪽이 축이 되어 밑판의 엣지와 브릿지 상단의 엣지가 딱 맞물리도록 밑판 1/4 둘레의 길이를 잰다.
4. 3회 굴려서 나온 길이의 평균값으로 가로 길이를 정한다.
5. 한쪽 끝부분에는 엎어박기를 위해 10mm를 더해준다.

7. 원판의 닷지

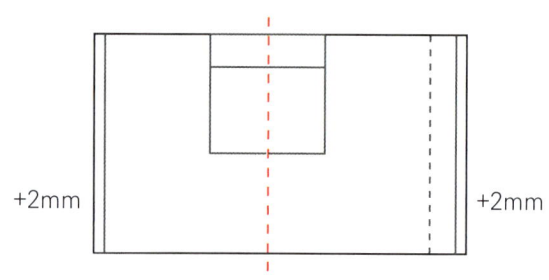

+2mm   +2mm

1. 세로 길이는 변하지 않으므로 디자인한 높이를 그대로 적용한다.
2. 가로 길이는 브릿지 닷지에서 양쪽으로 2mm씩 더해준다.

6. 피가다

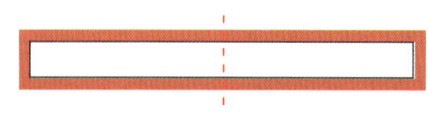

1. 닷지에서 4면 4mm씩 더해준다.

8. 파가다

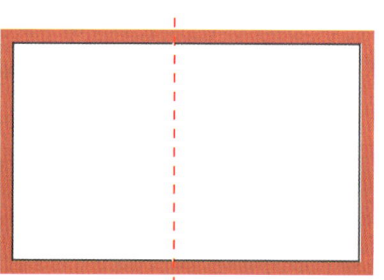

1. 닷지에서 4면 4mm씩 더해준다.

9. 보강형

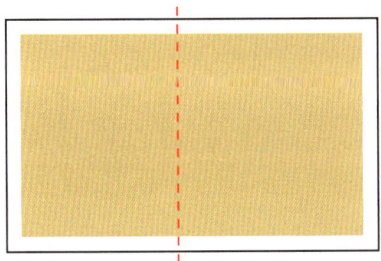

1. 닷지에서 4면 4mm씩 줄여준다.

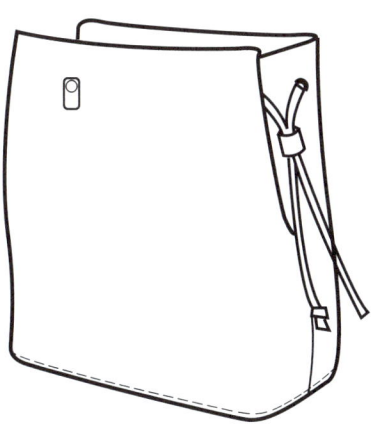

패턴 한눈에 보기 그 외 디테일

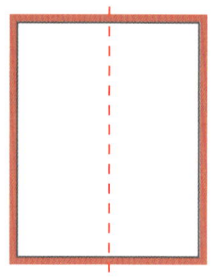

가죽용 포켓 뒷판 (닷지, 피가다)

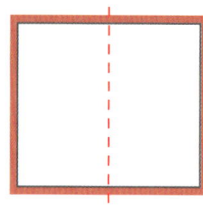

가죽용 포켓 앞판 (닷지, 피가다)

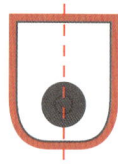

자석 패치 (닷지, 피가다)

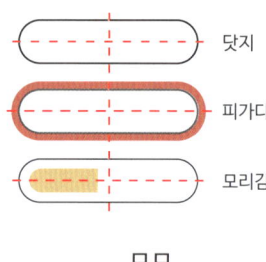

닷지

피가다

모리감

모모

패턴 제작의 순서 그 외 디테일

1. 포켓 뒷판 닷지 / 피가다

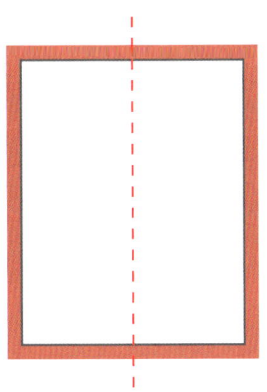

1. 안감 기본형에 포켓의 형태와 크기를 스케치한다.
2. 닷지 : 스케치한 크기로 재단해 준다.
3. 피가다 : 닷지에서 4면 4mm씩 더해준다.

3. 자석 패치 닷지 / 피가다

1. 닷지 : 안감에 그려놓은 크기로 재단해 준다.
2. 피가다 : 닷지에서 4면 4mm씩 더해준다.

   * 곡면이 있을 경우, 전체 형태를 그린 후 재단해 준다.

2. 포켓 앞판 닷지 / 피가다

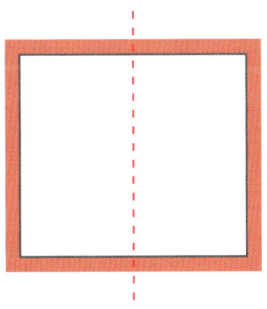

1. 안감 기본형에 포켓의 형태와 크기를 스케치한다.
2. 닷지 : 스케치한 크기로 재단해 준다.
3. 피가다 : 닷지에서 4면 4mm씩 더해준다.

4. 모모

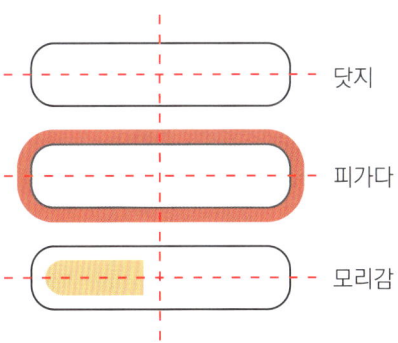

닷지

피가다

모리감

1. 닷지 : 원하는 크기와 형태로 재단해 준다.
2. 피가다 : 닷지에서 4면 4mm씩 더해준다.
3. 모리감 : 닷지에서 한 면만 4면 4mm씩 줄여준다.

   * 곡면이 있을 경우, 전체 형태를 그린 후 재단해 준다.

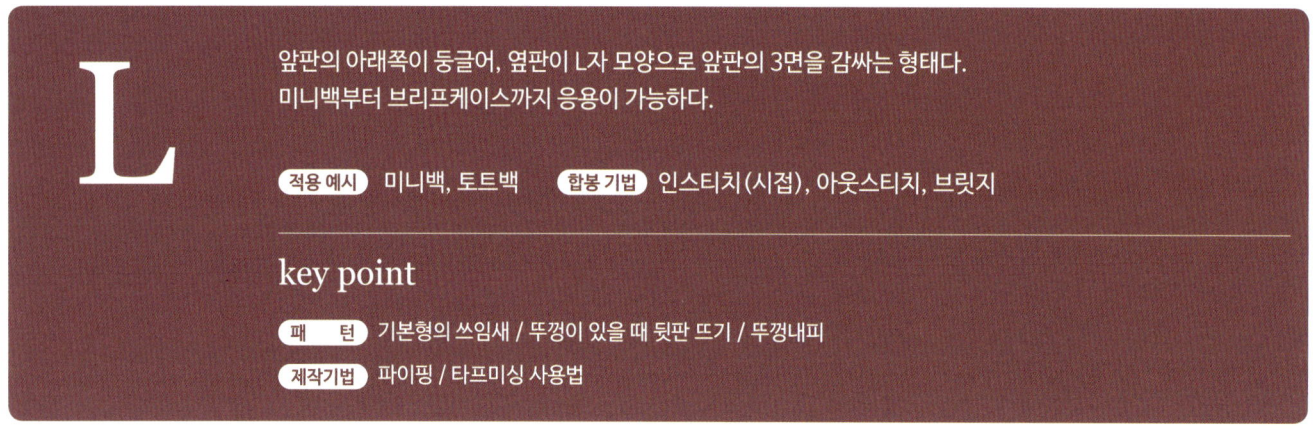

L

앞판의 아래쪽이 둥글어, 옆판이 L자 모양으로 앞판의 3면을 감싸는 형태다.
미니백부터 브리프케이스까지 응용이 가능하다.

적용 예시 미니백, 토트백　**합봉 기법** 인스티치(시접), 아웃스티치, 브릿지

key point

패　　턴 기본형의 쓰임새 / 뚜껑이 있을 때 뒷판 뜨기 / 뚜껑내피
제작기법 파이핑 / 타프미싱 사용법

패턴 한눈에 보기

인스티치

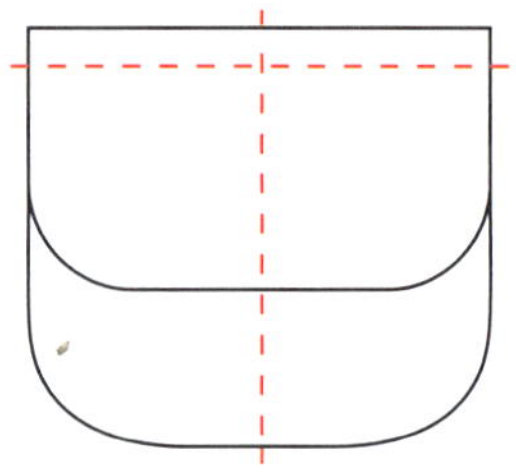

앞판 기본형

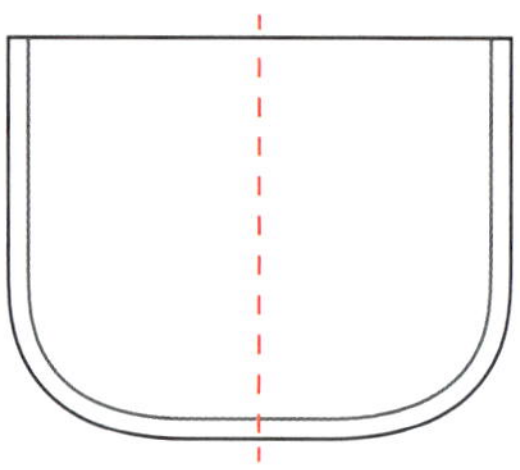

앞판 닷지

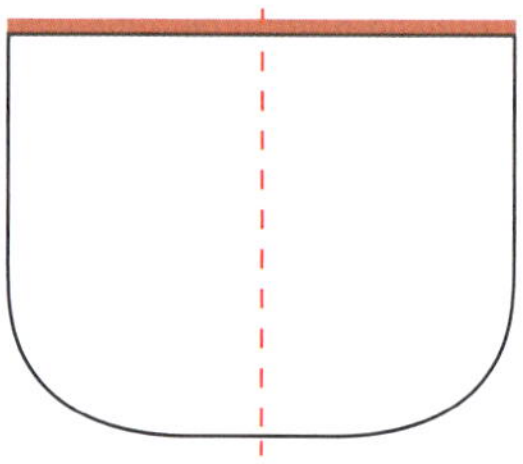

앞판 피가다

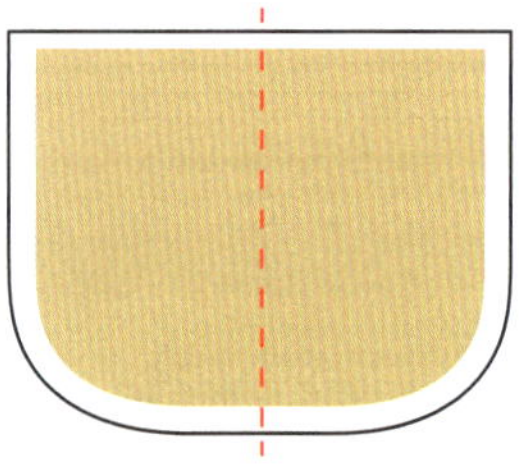

앞판 보강형

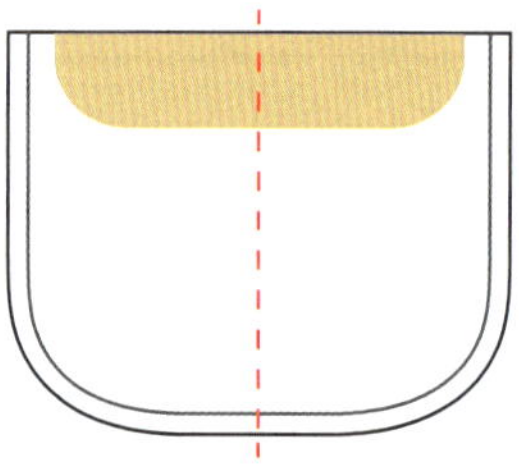

입구 보강형

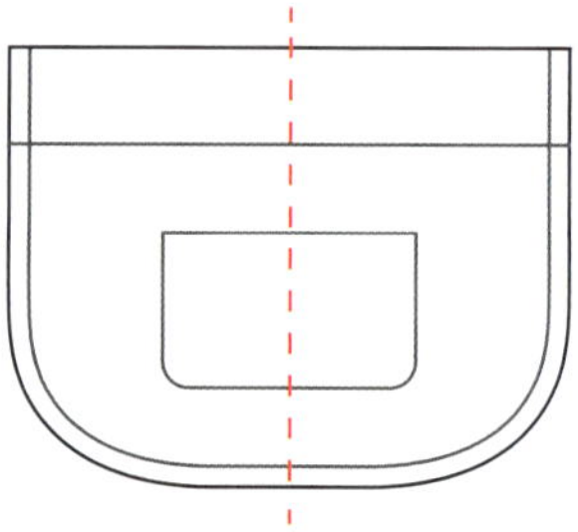

앞판 안감 기본형

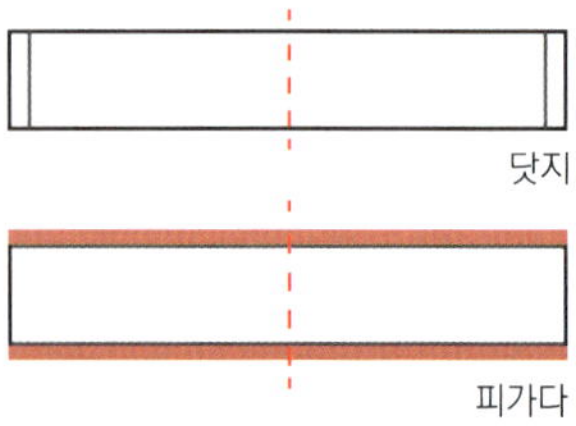

닷지

피가다

앞판 안감 상단

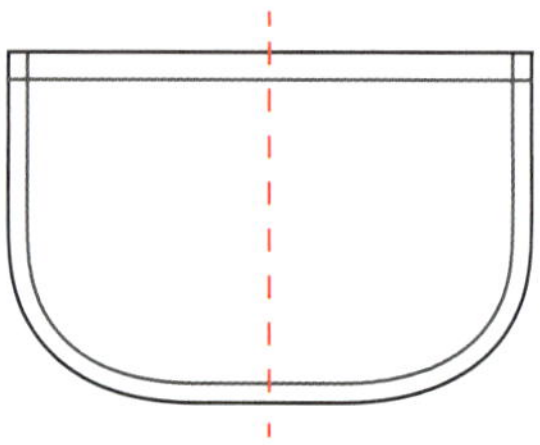

앞 뒤 안감 하단

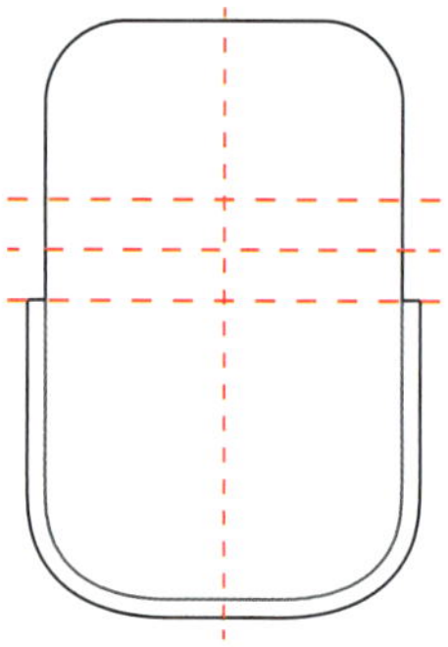

뒷판 닷지

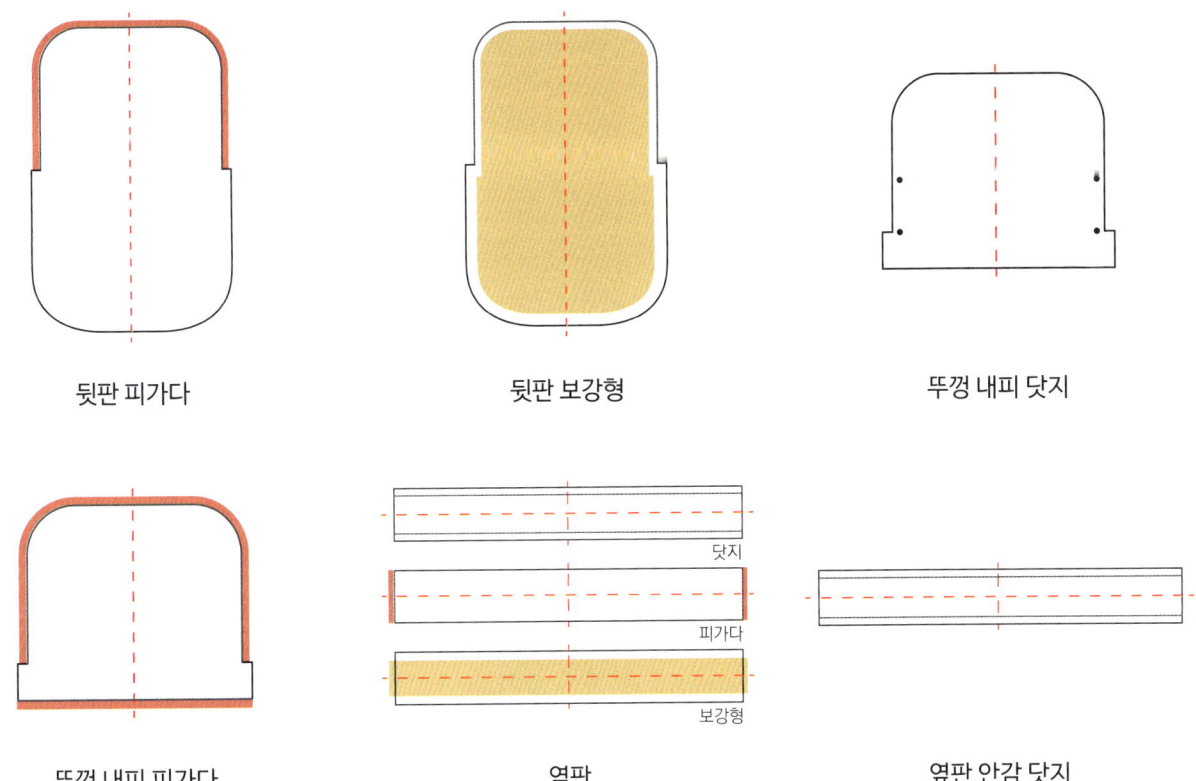

뒷판 피가다

뒷판 보강형

뚜껑 내피 닷지

뚜껑 내피 피가다

옆판

옆판 안감 닷지

패턴 제작의 순서

1. 스케치&디자인

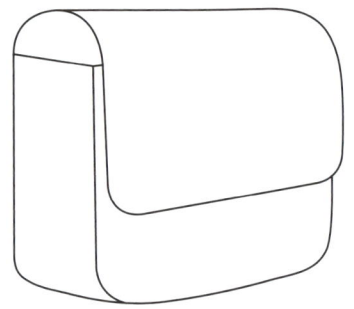

1. 가로 x 높이 x 폭의 크기를 정하고 A4용지에 입체 형태를 그려준다.
2. 가로가 길거나 세로가 긴 미니백, 빅백 등 다양한 비율의 가방을 만들 수 있다.
3. 뚜껑과 원판 아래의 곡선을 디자인할 때 크기, 곡률 등이 달라야 가방의 완성도가 높아진다.
4. 뚜껑의 모양, 손잡이, 잠금 장식, 옆판의 모모 등 디자인 요소를 디테일하게 계획할수록 이쁜 가방을 만들 수 있다.

2. 기본형 / 디테일 그려넣기

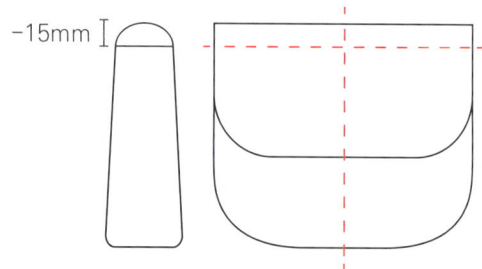

1. 디자인한 크기보다 넉넉한 종이를 준비한다.
2. (一) 일자 칼금을 넣어준다.
3. 앞판 전체를 그려서 형태와 비율을 확인한 후 재단해 준다.
4. 뚜껑, 잠금장식 등 디테일을 그려준다.

  * 기본형에서는 뚜껑이 솟아있는 부분 15mm를 더해서 디자인해 준다. 완성되었을 때의 모습과 최대한 비슷한 비율로 패턴을 만들어 완성된 실물과의 오차를 줄이기 위해서다.

3. 앞판 닷지

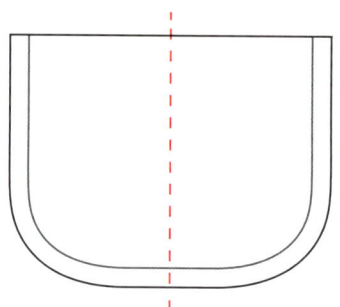

1. 기본형에서 윗면을 15mm를 줄여준다.
2. 윗면을 제외한 3면에 시접 6mm씩 더해준다.

4. 앞판 피가다

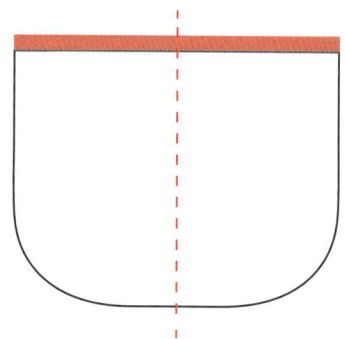

1. 닷지에서 윗면만 4mm 더해준다.

5. 앞판 보강형

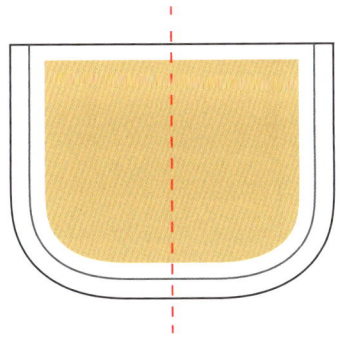

1. 닷지에서 윗면을 4mm 줄여준다.
2. 나머지 3면은 시접을 제외한 후 4mm씩 줄여준다.

7. 앞판 안감 기본형

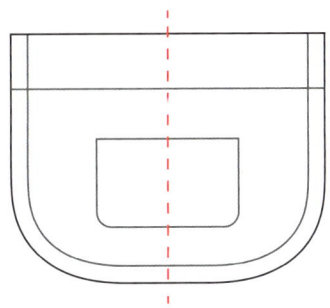

1. 앞판 닷지에서 윗면을 제외한 3면을 2mm씩 줄여준다.
2. 상단의 가죽 부분과 포켓, 시접 6mm 폭을 그려준다.

6. 입구 보강형

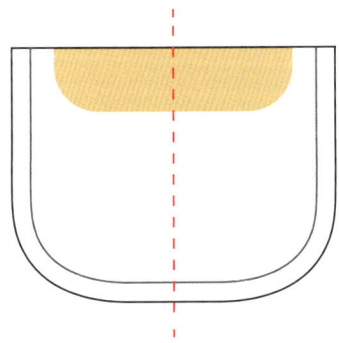

1. 가로 길이는 디자인한 가방의 가로 길이에서 시접을 제외하고 10mm씩 줄여준다.
2. 높이는 가방의 크기의 따라 30~70mm로 잡아준다.
3. 아랫면의 양쪽은 곡선으로 만들어 준다.

8. 앞판 안감 상단

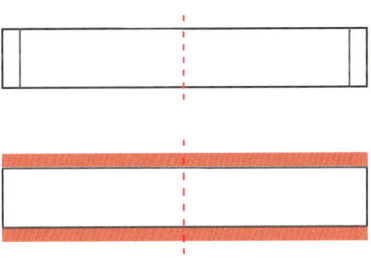

1. 가로의 길이는 안감 기본형과 동일하다.
2. 띠의 높이는 대략 30~60mm로 지정해 준다.
3. 시접 6mm 폭을 그려준다.
4. 피가다는 닷지에서 시접 부분인 양 끝을 제외하고 4mm씩 더해준다.

9. 앞 뒤 안감 하단

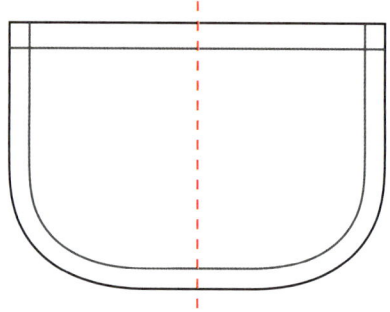

1. 기본형에 그려놓은 선 하단부에 상단 가죽띠와 겹쳐지는 10 mm 여유분을 더해준다.
2. 3면에 시접 6mm 폭과 상단 10mm 겹쳐지는 폭을 그려준다.

11. 뒷판 피가다

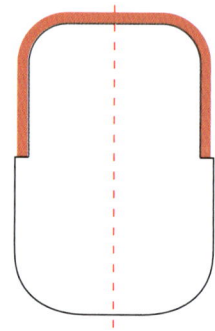

1. 닷지에서 엣지코트 마감이 되는 부분만 4mm씩 더해준다.

10. 뒷판 닷지

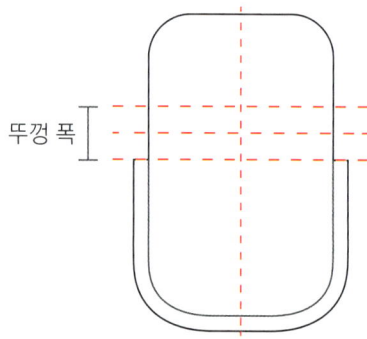

뚜껑 폭

1. 옆판 상단에서 뚜껑의 높이가 15mm 정도 여유를 두고 굴러 갈 수 있도록 옆판의 폭을 기준으로 줄자를 이용해 뚜껑의 폭 을 계산해 준다.
2. 앞판 닷지에 뚜껑폭을 더하고 기본형에 그려놓은 뚜껑을 그대 로 붙여준다.
3. 넉넉한 크기의 종이에 세로로 칼금을 한 줄 넣고, 앞판의 상단, 뚜껑의 폭 중앙, 뚜껑이 시작되는 부분에 가로로 칼금 3줄을 그어준 후 앞판+뚜껑폭+뚜껑을 스케치하고 재단해 준다.

12. 뒷판 보강형

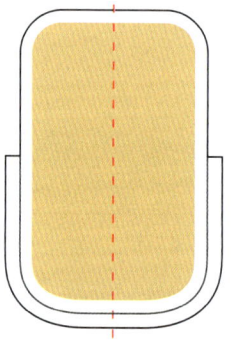

1. 닷지에서 4면 4mm씩 줄여준다.
2. 시접이 있는 부분은 시접을 제외한 후 4mm씩 줄여준다.

13. 뚜껑 내피 닷지

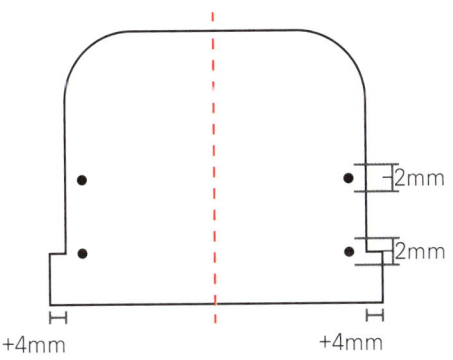

1. 가로 부분은 뚜껑 닷지 크기와 동일하다.

2. 굴려 붙이기 위해, 뚜껑이 꺾이는 곳을 기준으로 2mm씩 줄여준다. 이때 뚜껑의 폭에서 총 4mm가 줄어들게 된다.

3. 뚜껑 폭의 아랫부분은 앞판 안감 상단의 폭만큼 더해주며 가로 크기 또한 앞판 안감의 폭과 동일하게 그려준다.

14. 뚜껑 내피 피가다

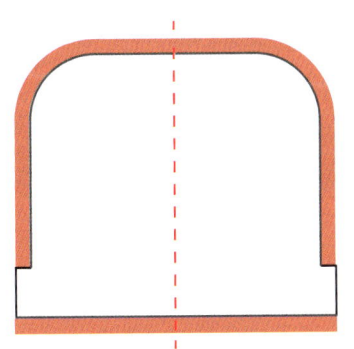

1. 닷지에서 엣지코트 마감이 되는 부분만 4mm씩 더해준다.

15. 옆판 닷지

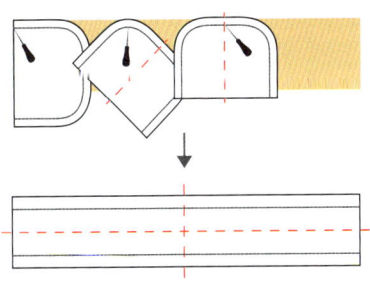

1. 대략적으로 앞판 3면의 둘레를 구하고 옆판의 가로 길이를 넉넉하게 재단한다.

2. 옆판의 폭에 앞판과 뒷판이 합봉될 수 있도록 6mm를 더해준다.

3. 앞판의 중앙이 옆판의 중앙에 겹쳐진 상태에서 원판의 둘레 길이를 구하기 시작한다.

4. 앞판과 옆판을 합체할 때, 시접 6mm 안쪽에서 바느질 되므로 앞판 하단과 옆판의 엣지가 딱 맞물리도록 앞판 둘레의 1/2 길이를 측정한다.

5. 3회 굴려서 나온 길이의 평균값으로 가로 길이를 정한다.

16. 옆판 피가다

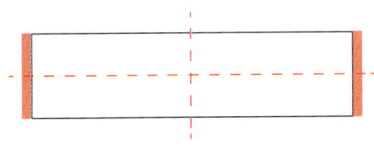

1. 닷지에서 시접을 제외한 2면에 4mm씩 더해준다.

17. 옆판 보강형

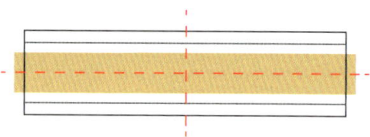

1. 옆판의 상단이 되는 2면을 닷지 기준 4mm씩 더해준다.
2. 원판과 결합되는 2면을 닷지 기준 10mm씩 줄여준다.

패턴 한눈에 보기 　　　　　　　　　　　　　　　　　　　　　　　브릿지

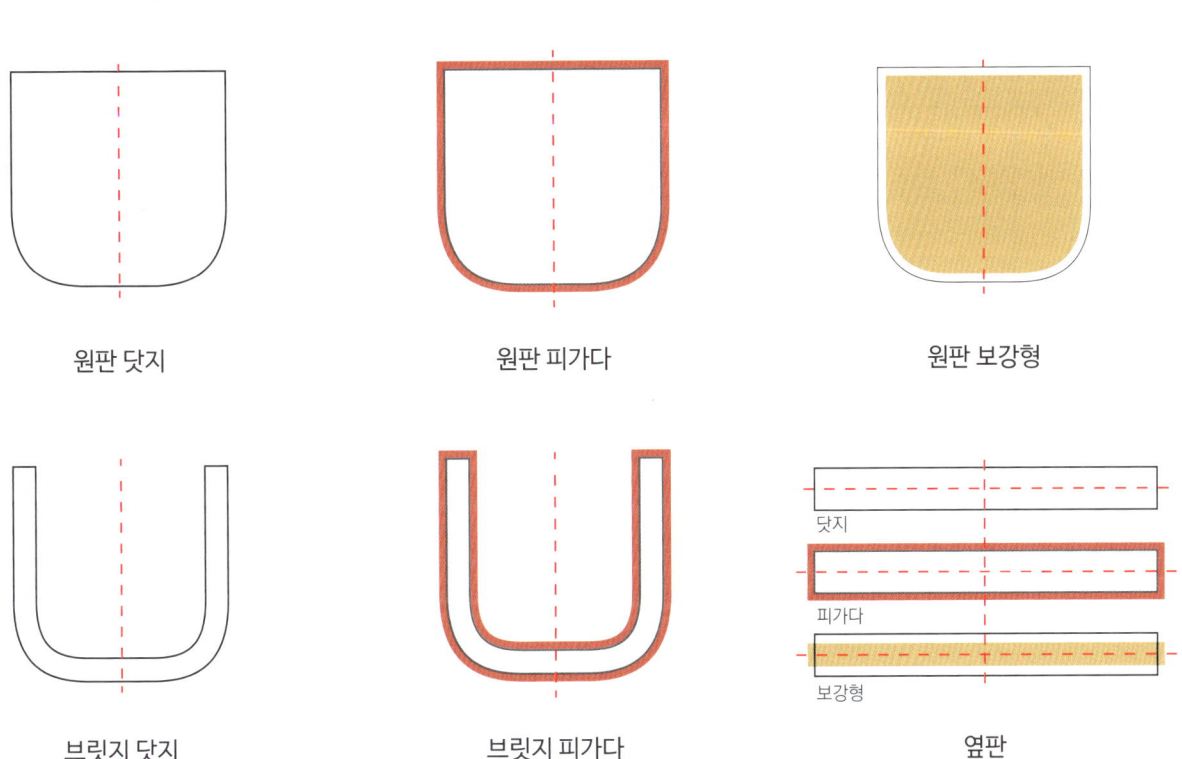

원판 닷지　　　　　　　　원판 피가다　　　　　　　　원판 보강형

브릿지 닷지　　　　　　　브릿지 피가다　　　　　　　　옆판

패턴 제작의 순서

1. 원판 닷지

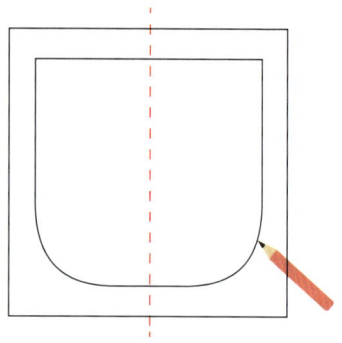

1. 디자인한 크기보다 넉넉한 종이를 준비한다.
2. (—) 일자 칼금을 넣어준다.
3. 원판 전체를 그려서 형태와 비율을 확인한 후 재단해 준다.

3. 원판 보강형

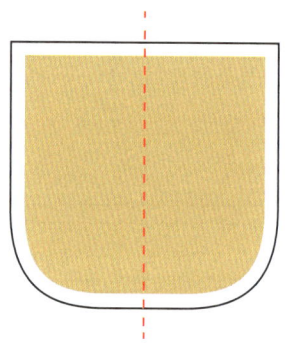

1. 닷지에서 4면 4mm씩 줄여준다.

2. 원판 피가다

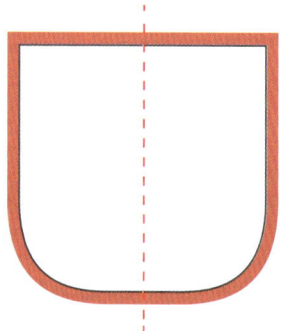

1. 닷지에서 4면 4mm씩 더해준다.

4. 브릿지 닷지

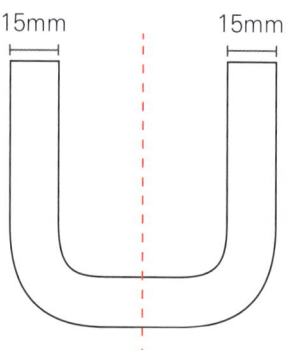

1. 원판 닷지와 동일한 패턴을 만들어준다.
2. 폭이 15mm가 되도록 안쪽을 파 준다.

5. 브릿지 피가다

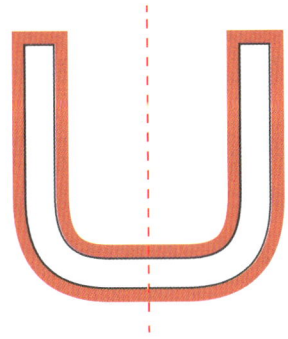

1. 닷지에서 4면 4mm씩 더해준다.

7. 옆판 피가다

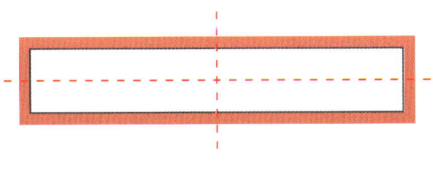

1. 닷지에서 4면 4mm씩 더해준다.

6. 옆판 닷지

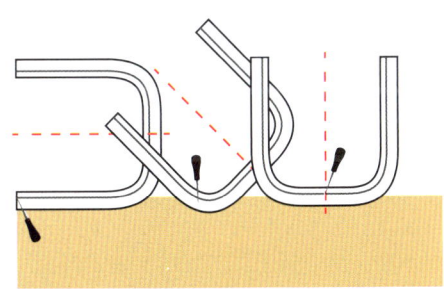

1. 대략적으로 앞판 3면의 둘레를 구하고 가로 길이를 넉넉하게 재단한다.

2. 폭은 디자인한 크기에서 양쪽 7mm씩 더하여 재단해 준다.

3. 브릿지 내부 중앙이 옆판 위의 중앙에 겹쳐진 상태에서 브릿지 내부 둘레를 구하기 시작한다.

4. 브릿지 내부의 3mm 안쪽이 축이 되어 브릿지 내부 엣지와 옆판의 엣지가 딱 맞물리도록 브릿지 둘레의 1/2 길이를 측정한다.

5. 3회 굴려서 나온 길이의 평균값으로 가로 길이를 정한다.

8. 옆판 보강형

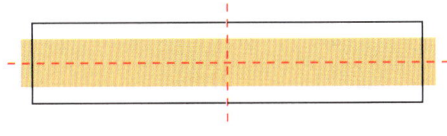

1. 옆판의 상단이 되는 2면을 닷지 기준 4mm씩 더해준다.

2. 브릿지와 결합되는 2면을 닷지 기준 7mm씩 줄여준다.

패턴 한눈에 보기

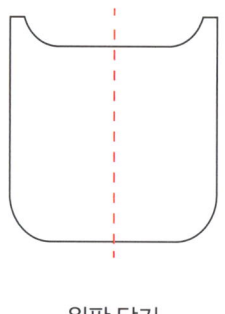

원판 닷지

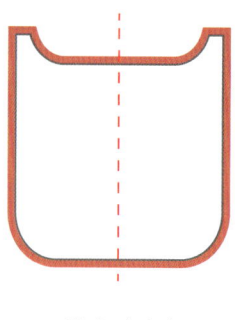

원판 피가다

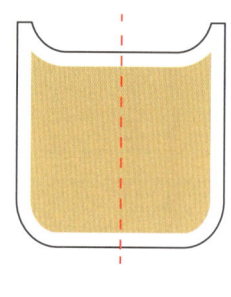

원판 보강형

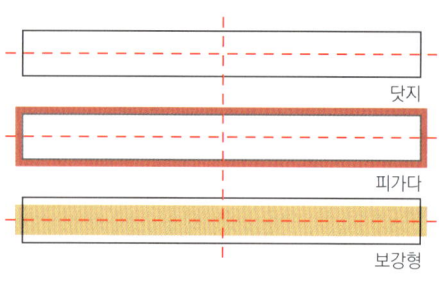

닷지

피가다

보강형

옆판

패턴 제작의 순서　　　　　　　　　　　　　　　　아웃스티치

1. 원판 닷지

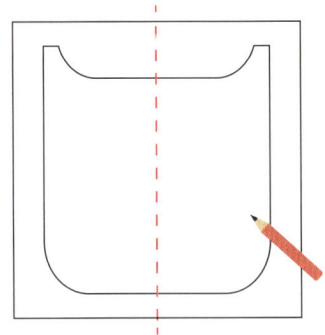

1. 디자인한 크기보다 넉넉한 종이를 준비한다.
2. (—) 일자 칼금을 넣어준다.
3. 원판 전체를 그려서 형태와 비율을 확인한 후 재단해 준다.

3. 원판 보강형

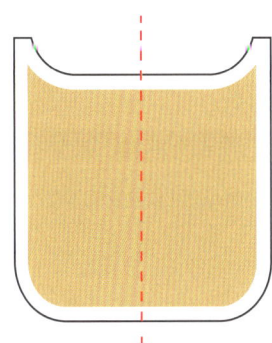

1. 닷지에서 4면 4mm씩 줄여준다.

2. 원판 피가다

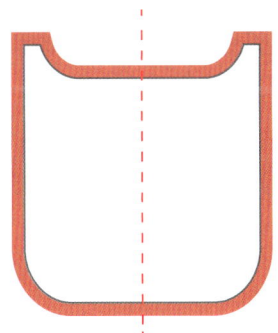

1. 닷지에서 4면 4mm씩 더해준다.

4. 옆판 닷지

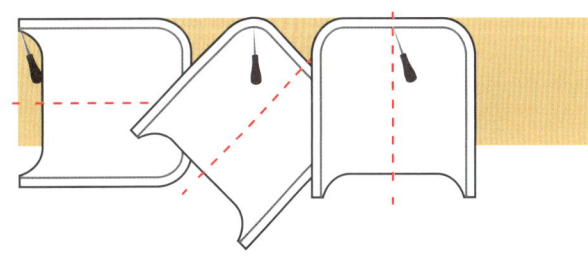

1. 대략적으로 앞판 3면의 둘레를 구하고 가로 길이를 넉넉하게 재단한다.
2. 폭은 디자인한 크기에서 양쪽 5mm씩 더하여 재단해 준다.
3. 원판과 옆판을 합체할 때, 3mm 안쪽에서 바느질 되므로 원판의 3mm 안쪽이 축이 되어 옆판 가로 길이를 측정한다.
4. 원판의 중앙이 옆판의 중앙에 겹쳐진 상태에서 원판 둘레의 길이를 구하기 시작한다. 원판의 엣지와 옆판의 엣지가 딱 맞물리도록 원판 둘레의 1/2 길이를 측정한다.
5. 3회 굴려서 나온 길이의 평균값으로 가로 길이를 정한다.

5. 옆판 피가다

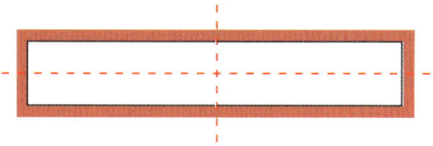

1. 닷지에서 4면 4mm씩 더해준다.

6. 옆판 보강형

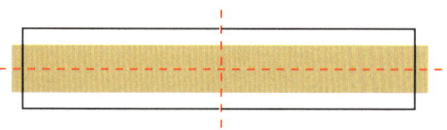

1. 옆판의 상단이 되는 2면을 닷지 기준 4mm씩 더해준다.
2. 원판과 결합되는 2면을 닷지 기준 7mm씩 줄여준다.

패턴 한눈에 보기

그 외 디테일

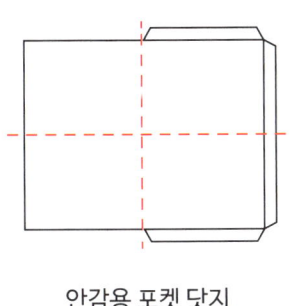

안감용 포켓 닷지

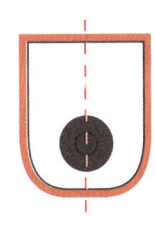

자석 패치(닷지, 피가다)

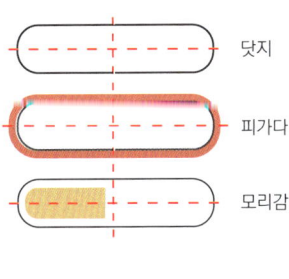

모모

패턴 제작의 순서   ## 그 외 디테일

1. 안감용 포켓 닷지

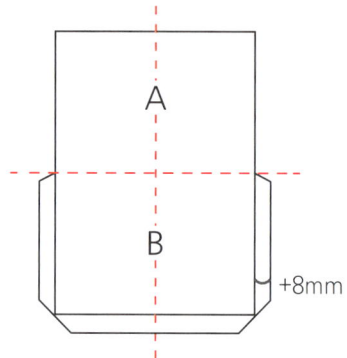

1. 원단은 가죽보다 두께가 얇아 2겹으로 만들어 줘야 하므로, 계획한 포켓의 크기보다 2배 넉넉하게 패턴지를 재단한다.

2. (+) 십자 칼금을 넣고 칼금의 위쪽(A)에 계획한 크기와 형태를 스케치한 후 칼금 아래(B) 쪽에도 똑같이 그려준다. 이때 원단을 반으로 접은 후 드러나는 단면에 보풀이 생길 수 있으므로 B의 테두리에는 헤리 마감할 수 있게 8mm씩 더해준다.

3. 모모

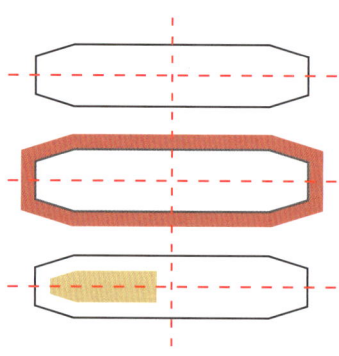

1. 닷지 : 원하는 크기와 형태로 재단해 준다.

2. 피가다 : 닷지에서 4면 4mm씩 더해준다.

3. 모리감 : 닷지에서 한 면만 4면 4mm씩 줄여준다.

  * 곡면이 있을 경우, 전체 형태를 그린 후 재단해 준다.

2. 자석 패치 닷지 / 피가다

1. 닷지 : 원하는 크기와 형태로 재단해 준다.

2. 피가다 : 닷지에서 4면 4mm씩 더해 준다.

  * 곡면이 있을 경우, 전체 형태를 그린 후 재단해 준다.

옆판과 밑판이 M자 형태로 결합되는 형태로 L자형과 비슷해 보이지만
좀 더 클래식하고 견고한 느낌의 디자인을 추구할 때 쓰이는 패턴이다.

적용 예시 미니백, 토트백, 브리프케이스   합봉 기법 아웃스티치

key point

패 턴 기본형의 쓰임새 / 앞판과 중간판의 크기 차이 / 옆판과 밑판 / 켈리 손잡이
제작기법 하드한 형태의 제작 / 앞판과 중간판의 합봉 순서 / 덧싱

패턴 한눈에 보기   **아웃스티치**

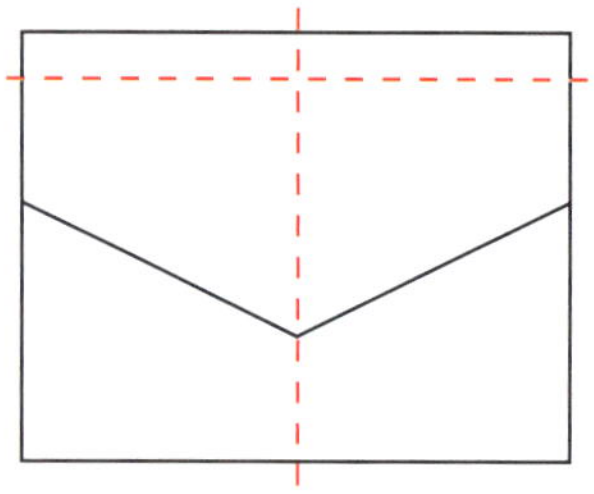

앞판 기본형 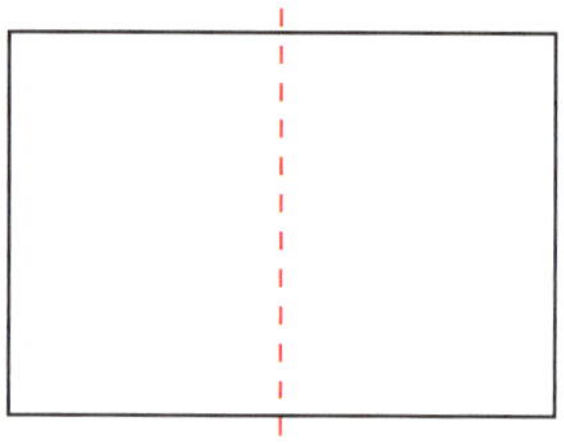   앞판 닷지 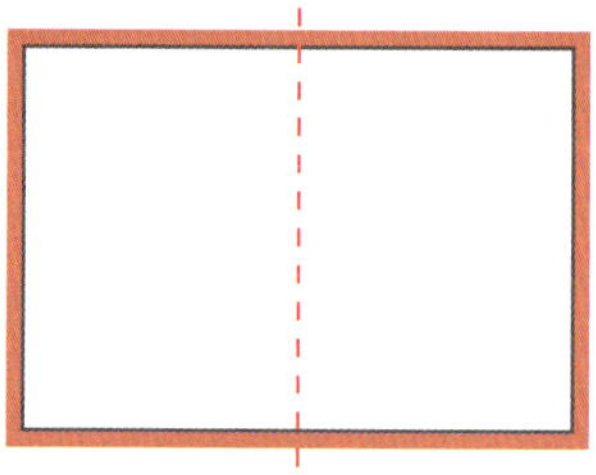   앞판 피가다

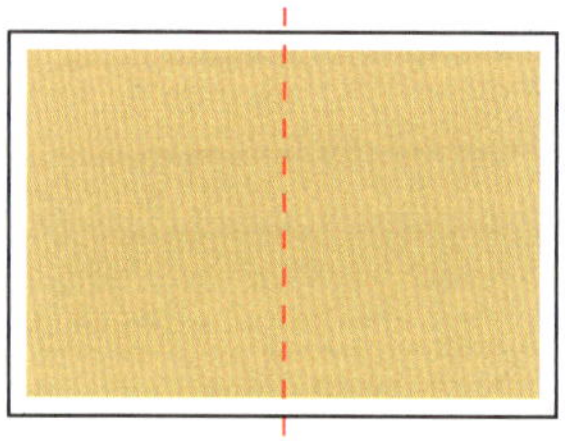

앞판 보강형 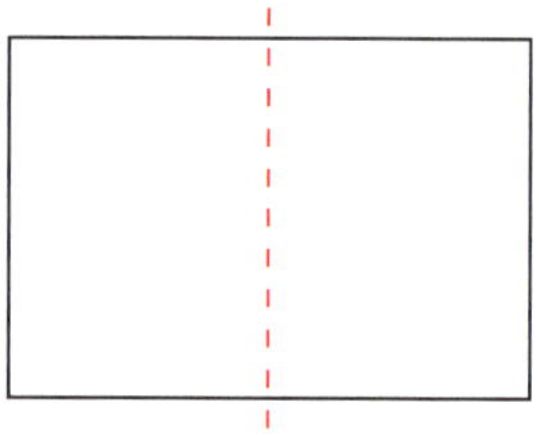   중간판 닷지 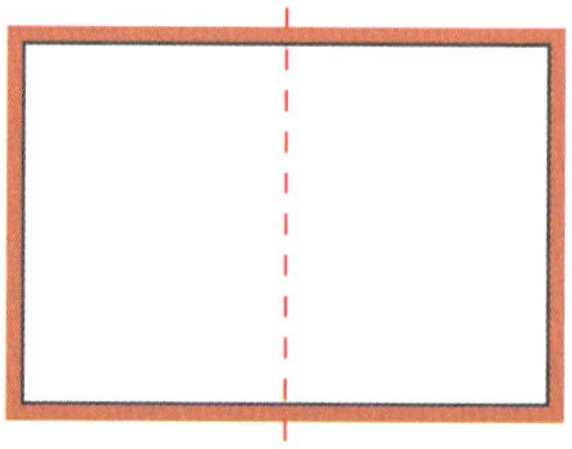   중간판 피가다

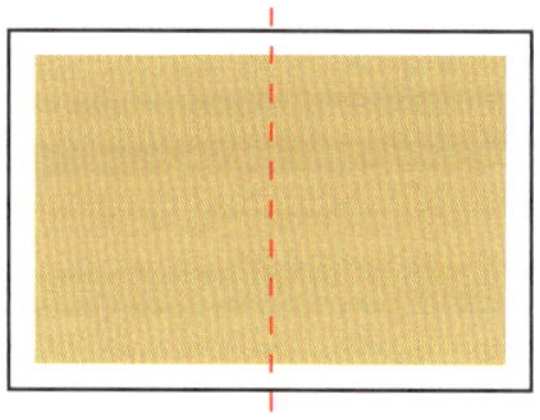

중간판 보강형 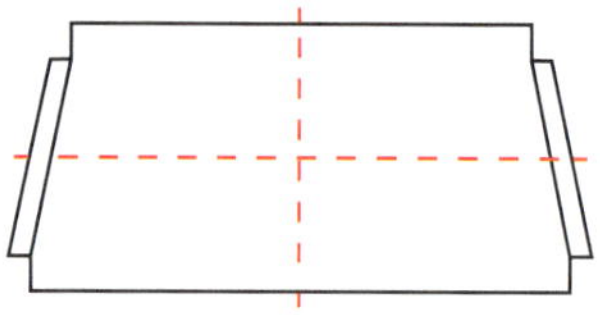   밑판 닷지 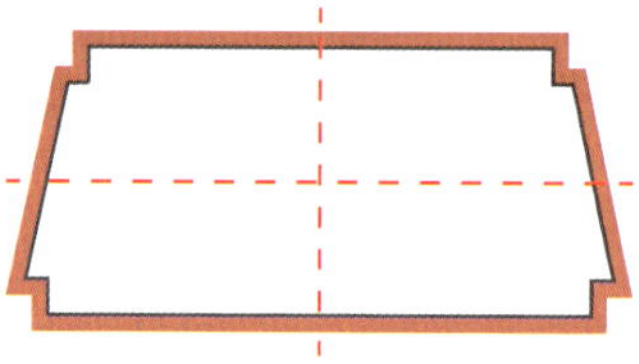   밑판 피가다

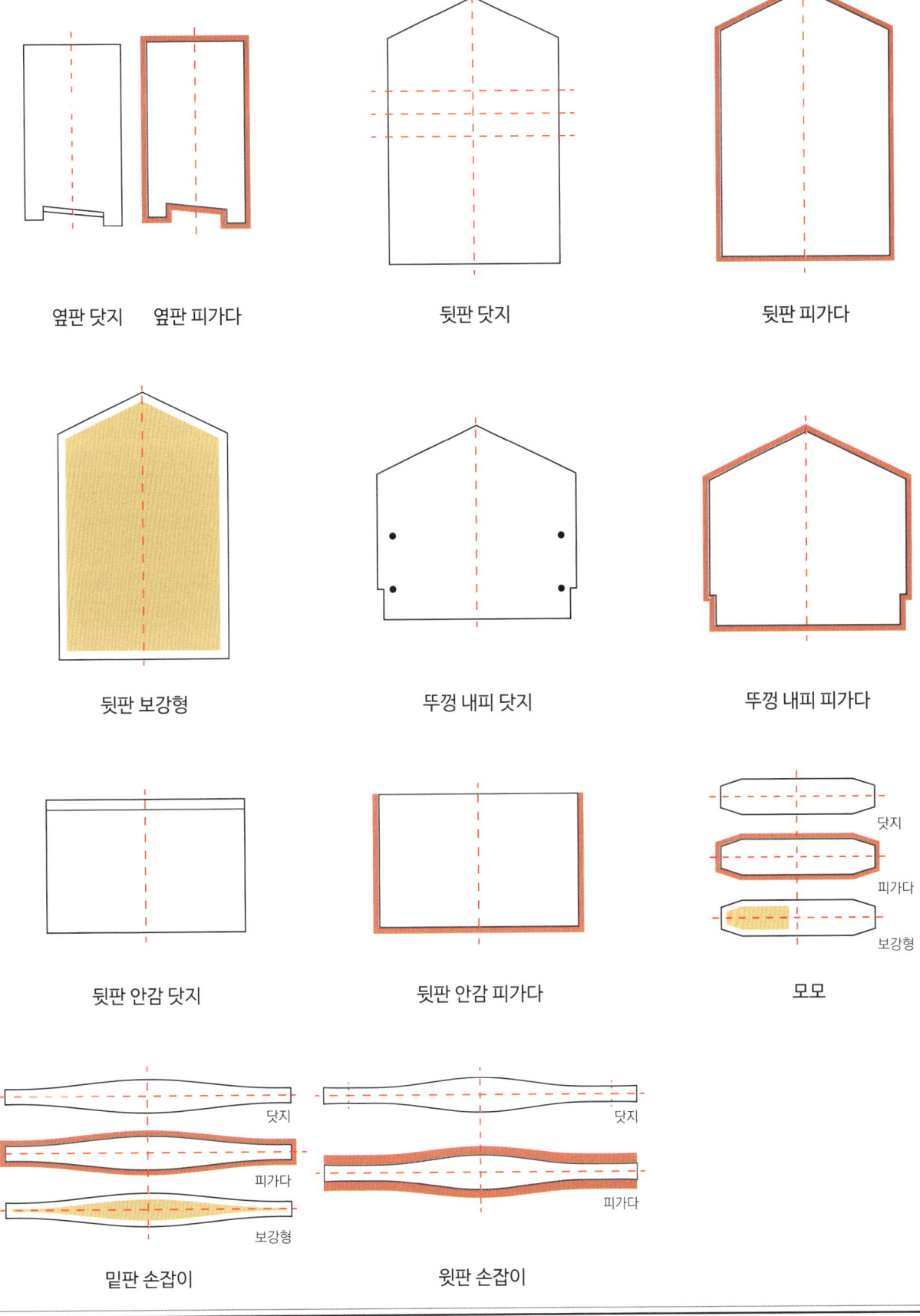

옆판 닷지　옆판 피가다

뒷판 닷지

뒷판 피가다

뒷판 보강형

뚜껑 내피 닷지

뚜껑 내피 피가다

뒷판 안감 닷지

뒷판 안감 피가다

모모

밑판 손잡이

윗판 손잡이

패턴 제작의 순서   아웃스티치

1. 스케치&디자인

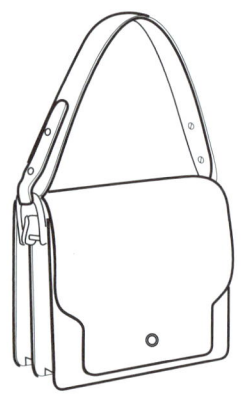

1. 가로 x 높이 x 폭의 크기를 정하고 A4용지에 입체 형태를
   그려준다.

2. 가로가 길거나 세로가 긴 미니백, 토트백, 브리프케이스 등
   다양한 비율의 가방을 만들 수 있다.

3. 앞판의 하단보다 상단이 줄어든 사다리꼴 형태로 디자인하게
   되면 안정감을 높일 수 있다.

4. 뚜껑의 모양, 손잡이, 잠금 장식, 옆판의 모모 등 디자인 요소
   를 디테일하게 계획할수록 이쁜 가방을 만들 수 있다.

2. 기본형/디테일 그려넣기

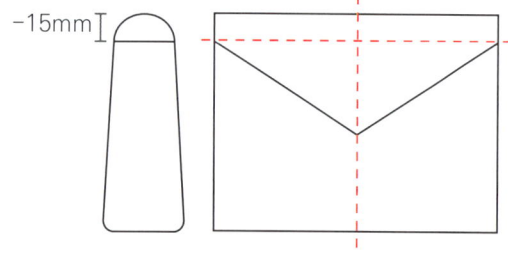

1. 디자인한 크기보다 넉넉한 종이를 준비한다.

2. (―) 일자 칼금을 넣어준다.

3. 앞판 전체를 그려서 형태와 비율을 확인한 후 재단해 준다.

4. 뚜껑, 잠금 장식 등 디테일을 그려준다.

   * 기본형에서는 뚜껑이 솟아있는 부분 15mm를 더해서 디자인해 준다. 완성되
     었을 때의 모습과 최대한 비슷한 비율로 패턴을 만들어 완성된 실물과의 오차
     를 줄이기 위해서다.

3. 앞판 닷지

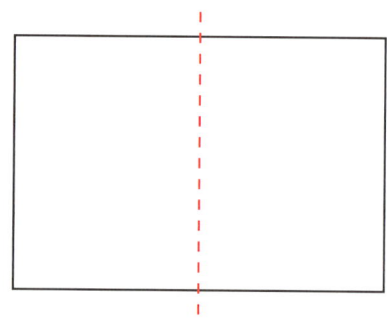

1. 기본형에서 윗면을 15mm를 줄여준다.

4. 앞판 피가다

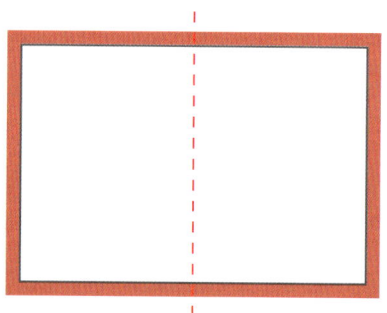

1. 닷지에서 4면 4mm씩 더해준다.

5. 앞판 보강형

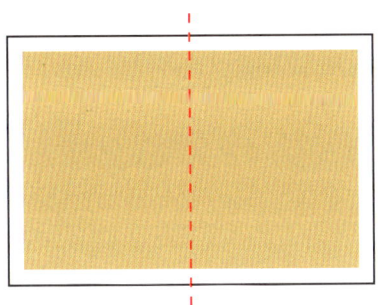

1. 닷지에서 4면 4mm씩 더해준다.

7. 중간판 피가다

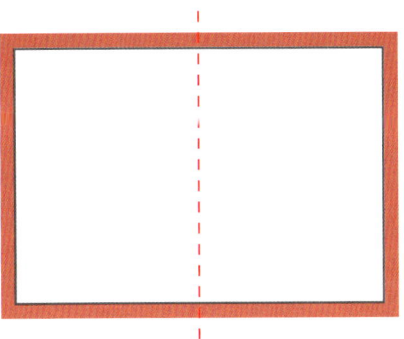

1. 닷지에서 4면 4mm씩 더해준다.

6. 중간판 닷지

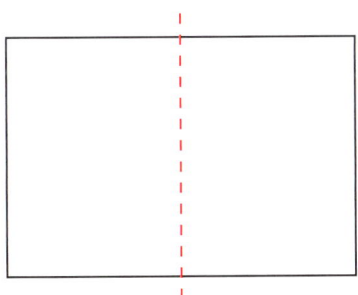

1. 앞판 닷지와 동일하게 재단해 준다.
2. 앞판 닷지에서 윗면을 제외한 3면에 5mm씩 줄여준다.

8. 중간판 보강형

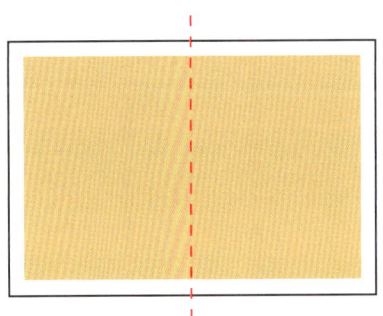

1. 닷지에서 4면 4mm씩 줄여준다.

9. 옆판 닷지

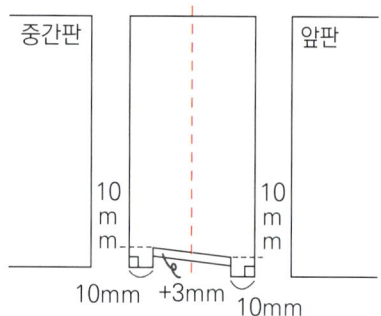

1. 옆판의 폭은 원하는 크기로 재단해 준다. 이때, 디자인한 크기보다 양쪽 7mm씩 여유를 줘야 완만한 곡선을 이뤄 원하는 폭의 옆면이 완성된다.
2. 옆판의 양쪽 길이는 비대칭으로 각각 앞판과 중간판의 세로 앞길이와 동일하다.
3. 옆판의 아래 바깥쪽에서 10mm, 아래쪽에서 10mm 들여 기둥을 세워준다. 이때 기둥의 아래쪽은 직각으로 유지한다. 양쪽 모두 동일하게 만들어준다.
4. 양쪽 기둥의 10mm 위쪽을 이어 선을 그어준다.
5. 이어준 면과 밑판이 바느질 될 수 있도록 3mm 여유분을 더해준다.

10. 옆판 피가다

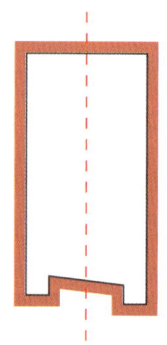

1. 닷지에서 4면 4mm씩 더해준다.

11. 밑판 닷지

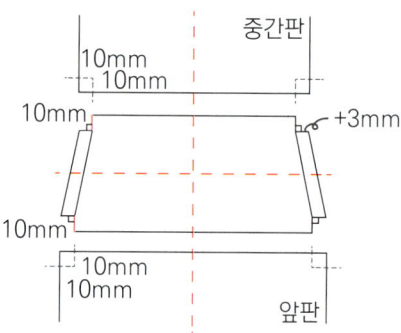

1. 밑판의 앞면과 뒷면의 길이는 비대칭으로 각각 앞판과 중간판의 가로 길이를 기준으로 한다.
2. (+) 십자 칼금으로 밑판의 폭은 옆판의 폭과 동일하게 만들어 준 뒤 가로의 길이는 앞판보다 넉넉한 길이로 재단해 준다.
3. 세로 칼금을 중심으로 밑판의 위아래에 중간판과 앞판을 나란히 둔다.
4. 앞판의 양쪽에서 10mm씩 들여 밑판의 한쪽 면의 길이를 정한다. 정해진 면에서 직각으로 10mm씩 꺾어 모서리를 만들어 준다. 밑판의 반대쪽 면은 중간판을 기준으로 길이를 정하고 동일한 모양을 만들어준다.
5. 이어준 면과 옆판이 바느질 될 수 있도록 3mm 여유분을 더해준다.

12. 밑판 피가다

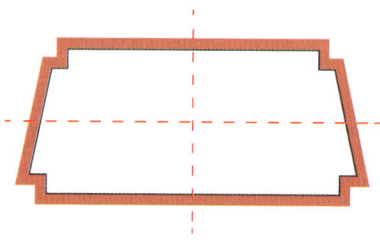

1. 닷지에서 4면 4mm씩 더해준다.

13. 뒷판 닷지

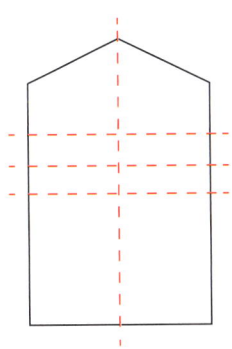

1. 옆판 상단에서 뚜껑의 높이가 15mm 정도 여유를 두고 굴러 갈 수 있도록 옆판의 폭을 기준으로 줄자를 이용해 뚜껑의 폭을 계산해 준다.
2. 앞판 닷지에 뚜껑폭을 더하고 기본형에 그려놓은 뚜껑을 그대로 붙여준다.
3. 넉넉한 크기의 종이에 세로로 칼금을 한 줄 넣고, 앞판의 상단, 뚜껑의 폭 중앙, 뚜껑이 시작되는 부분에 가로로 칼금 3줄을 그어준 후 앞판+뚜껑폭+뚜껑을 스케치하고 재단해 준다.

14. 뒷판 피가다

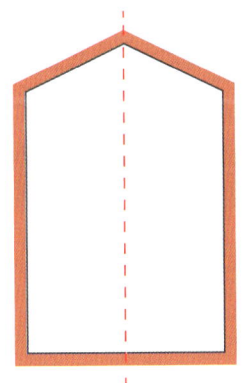

1. 닷지에서 4면 4mm씩 더해준다.

15. 뒷판 보강형

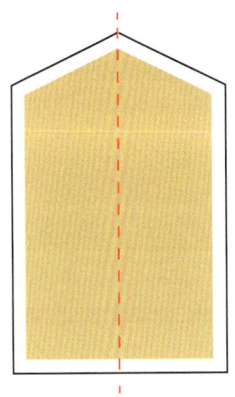

1. 닷지에서 4면 4mm씩 더해준다.

16. 뚜껑 내피 닷지

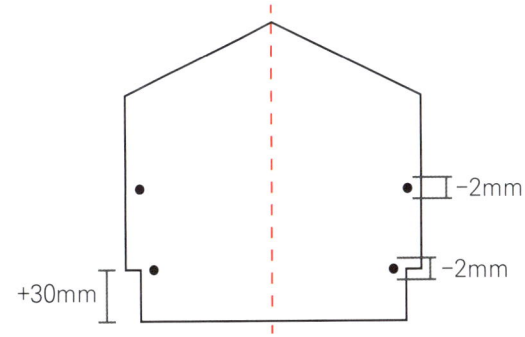

1. 가로 부분은 뚜껑 닷지 크기와 동일하게 떠준다.
2. 굴려 붙이기 위해, 뚜껑이 꺾이는 곳을 기준으로 2mm씩 줄여준다. 이때 뚜껑의 폭에서 총 4mm가 줄어들게 된다.
3. 뚜껑폭의 아랫부분은 30mm 정도의 폭을 더해준다.

17. 뚜껑 내피 피가다

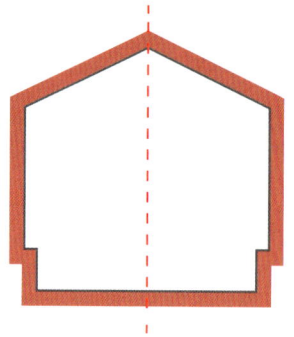

1. 닷지에서 4면 4mm씩 더해준다.

19. 모모

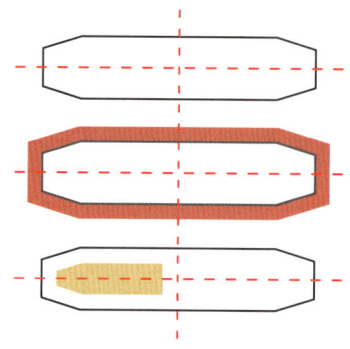

1. 닷지 : 원하는 크기와 형태로 재단해 준다.

2. 피가다 : 닷지에서 4면 4mm씩 더해준다.

3. 모리감 : 닷지에서 한 면만 4면 4mm씩 줄여준다.

18. 뒷판 안감 닷지/피가다

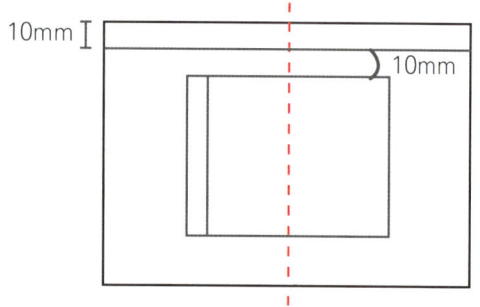

1. 닷지 상단은 뚜껑 내피와 10mm 겹칠 수 있게 여유를 주고
   나머지 3면은 뒷판 닷지 크기와 동일하다.

2. 피가다는 윗면을 제외한 3면에 4mm씩 더해준다.

20. 손잡이 밑판

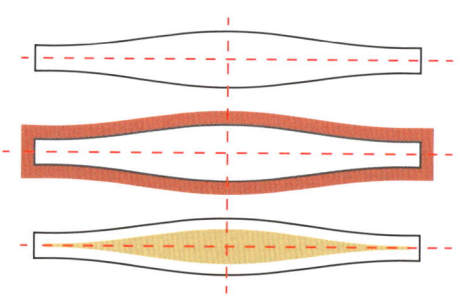

1. 닷지 : 원하는 크기와 형태로 재단해 준다.

2. 피가다 : 닷지에서 4면 4mm씩 더해준다.

3. 모리감 : 닷지에서 4면 4mm씩 줄여준다.

   * 곡면이 있을 경우, 전체 형태를 그린 후 재단해 준다.

21. 손잡이 윗판 닷지

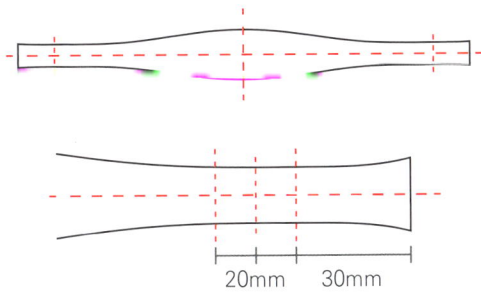

1. 밑판의 닷지를 기준으로 양쪽에 D 링, 혹은 사각링에 걸기 위한 여유폭을 더해준다.

2. 링을 감싸는 부분은 20mm 길이로 더해주고 폭은 장식의 내경에 맞춰준다. 이때 20mm의 중심에 칼금을 넣어 양쪽이 대칭이 되게 만든다.

3. 손잡이 아래쪽에 겹쳐지는 부분은 30~35mm 여유분을 더해주고 2번에서 그려준 칼금을 기준으로 밑판 손잡이 닷지와 대칭이 되게 그려준다.

22. 손잡이 윗판 피가다

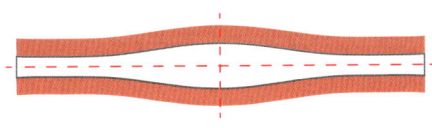

1. 손잡이 밑판에 두꺼운 모리감이 들어가는 경우가 많으므로 위, 아래에 8mm 여유분을 더해준다.

2. 손잡이 아래로 겹쳐지는 양쪽 길이는 닷지와 동일하므로 늘리지 않는다.

23. 오픈 지퍼 포켓

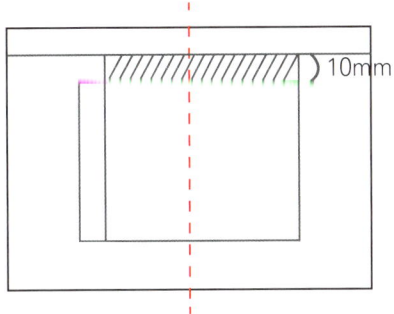

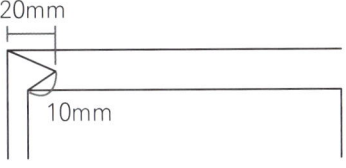

닷지

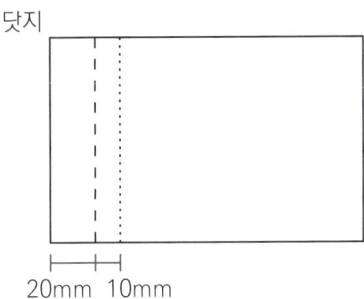

1. 포켓의 폭을 더하고 상단에 지퍼를 달아 수납력을 높일 수 있는 포켓 형태이다.

2. 뒷판의 안감에 포켓의 위치를 잡아둔다. 뚜껑 내피와 포켓 사이에 3호 지퍼를 달아 주어야 하므로 뚜껑 내피 하단에서 10mm 여유폭을 띄우고 포켓 상단을 그려준다. 포켓의 깊이와 가로 길이는 적당한 크기로 잡아준다.

3. 그려준 포켓의 왼쪽에서 10mm를 들여 선을 그려준다. 이 선을 기준으로 안쪽으로 한번 바깥쪽으로 한번 접어 폭을 만들어 준다. 접히는 폭은 각각 10mm로 포켓의 닷지는 뒷판 안감에 그려놓은 포켓의 전체 크기에서 가로로 20mm를 더한 길이로 완성된다.

4. 포켓을 가죽으로 만들 경우 피가다 패턴을 만들어 주고 안감으로 만들 경우 2배로 늘린 후 한쪽에 헤리를 위한 8mm 여유분을 더해준다.

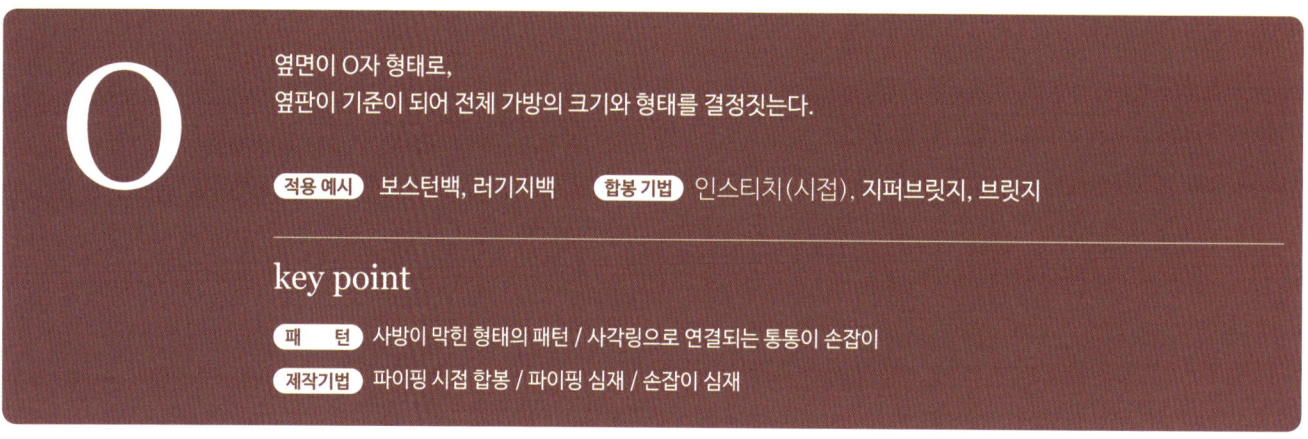

옆면이 O자 형태로,
옆판이 기준이 되어 전체 가방의 크기와 형태를 결정짓는다.

(적용 예시) 보스턴백, 러기지백   (합봉 기법) 인스티치(시접), 지퍼브릿지, 브릿지

key point

(패   턴) 사방이 막힌 형태의 패턴 / 사각링으로 연결되는 통통이 손잡이
(제작기법) 파이핑 시접 합봉 / 파이핑 심재 / 손잡이 심재

패턴 한눈에 보기   **인스티치**

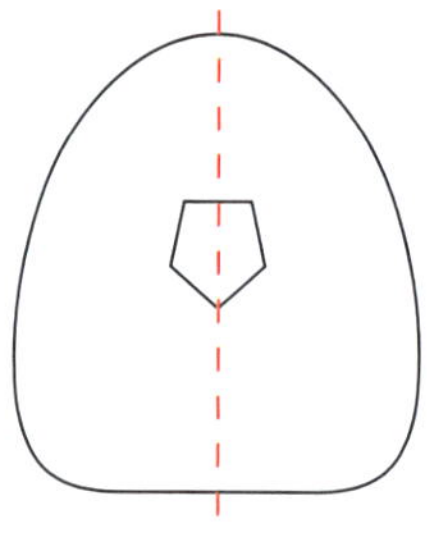

옆판 기본형

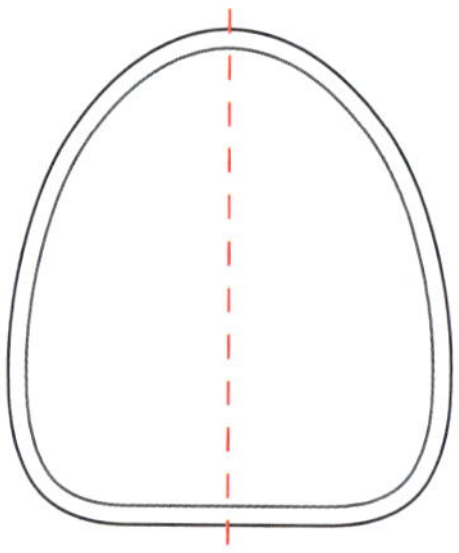

옆판 닷지

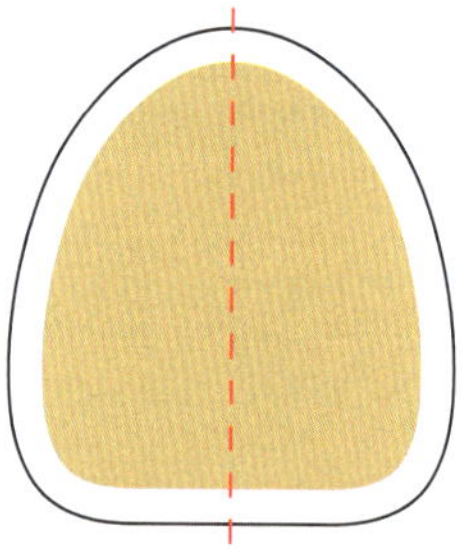

옆판 보강형

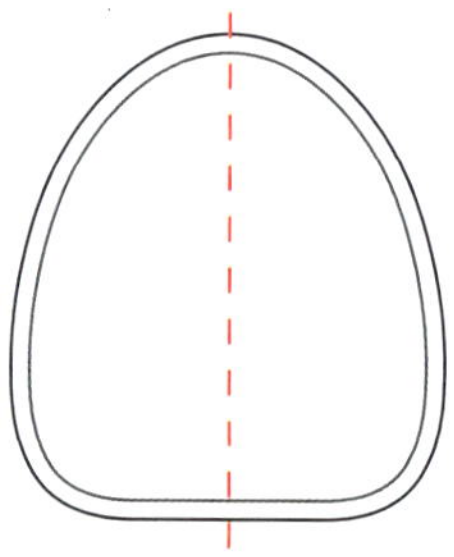

옆판 안감 닷지

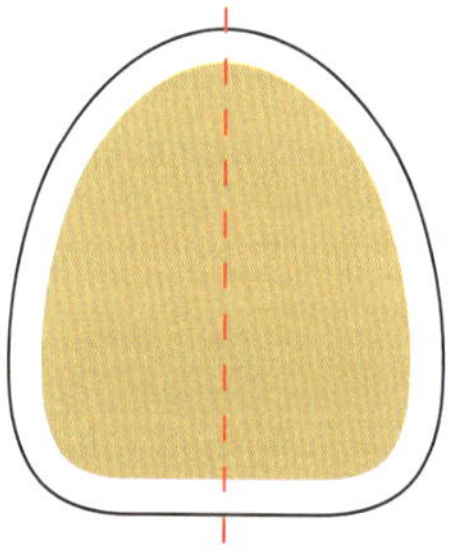

옆판 안감 보강형

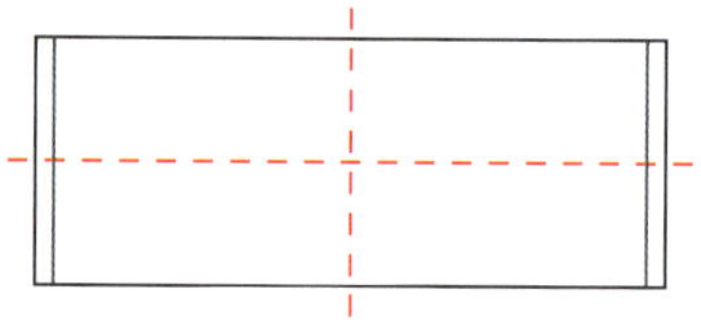

밑판 닷지

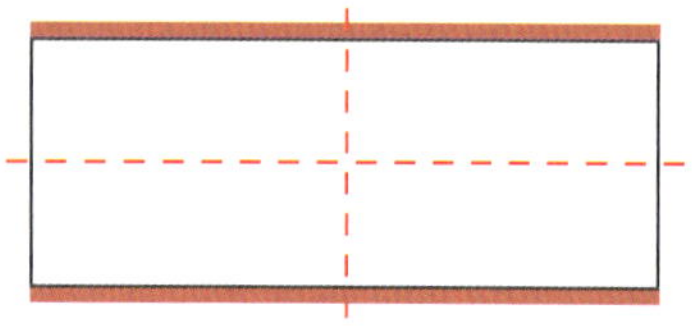

밑판 피가다

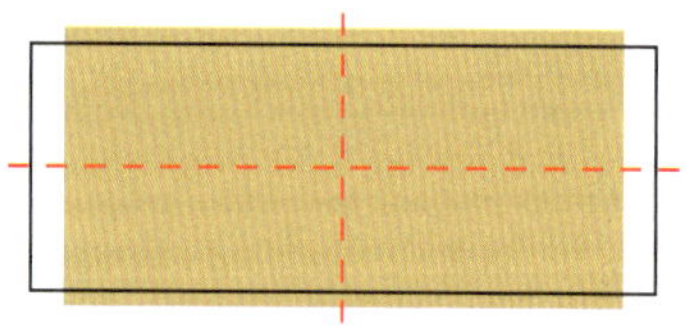

밑판 보강형

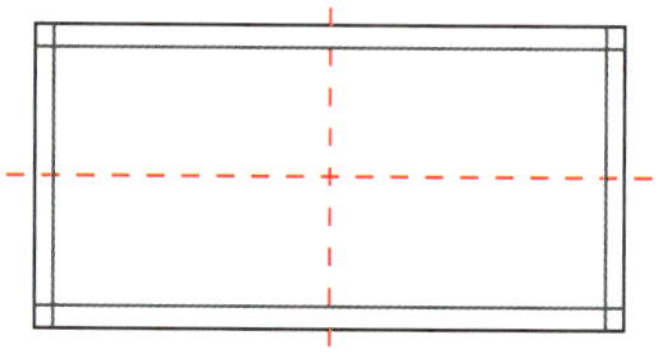

밑판 안감 닷지

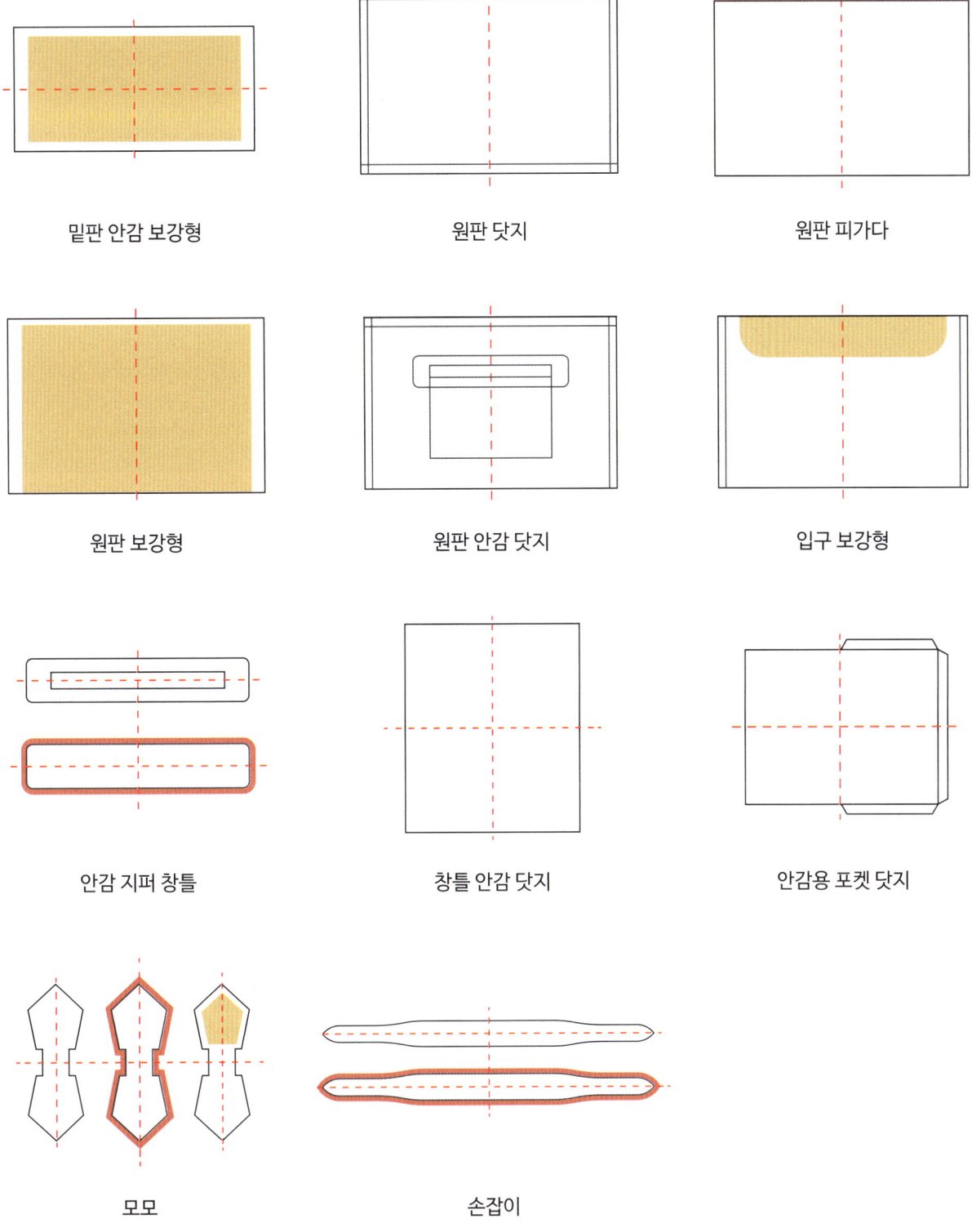

밑판 안감 보강형   원판 닷지   원판 피가다

원판 보강형   원판 안감 닷지   입구 보강형

안감 지퍼 창틀   창틀 안감 닷지   안감용 포켓 닷지

모모   손잡이

패턴 제작의 순서

1. 스케치&디자인

1. 가로 x 높이 x 폭의 크기를 정하고 A4용지에 입체형태를 그려준다.
2. 옆판의 형태는 정원에서 타원까지 다양한 원형을 구사할 수 있다.
3. 옆판의 형태와 비율, 손잡이, 모모, 지퍼 창틀 등 디자인 요소를 디테일하게 계획할수록 이쁜 가방을 만들 수 있다.

3. 옆판 닷지

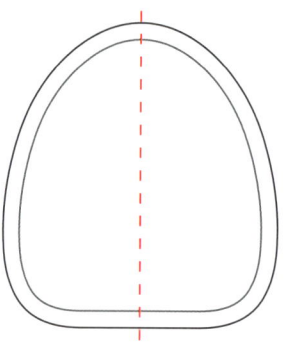

1. 기본형에서 사방 시접 6mm를 더해준다.

2. 옆판 기본형

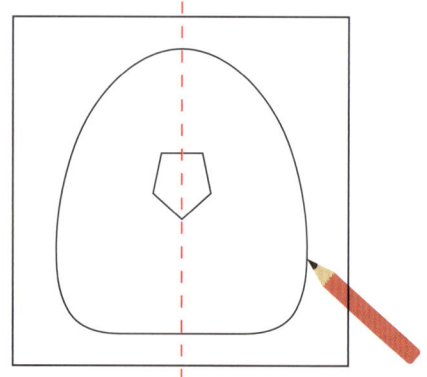

1. 디자인한 크기보다 넉넉한 종이를 준비한다.
2. (―) 일자 칼금을 넣어준다.
3. 옆판 전체를 그려서 형태와 비율을 확인한 후 재단해 준다.
4. 전체 곡선에서 모서리가 생기지 않게 정성껏 재단해 준다. (앞으로의 패턴에서 가장 중요한 작업!!)

4. 옆판 보강형

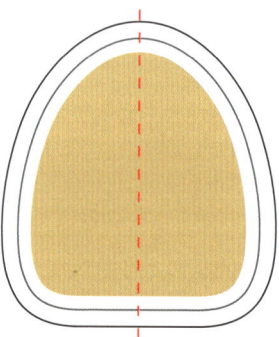

1. 옆판 닷지에서 시접 6mm를 제외한 후 사방 4mm씩 줄여준다.

5. 옆판 안감 닷지

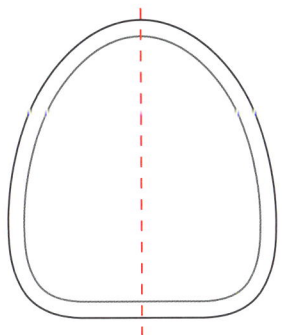

1. 옆판 닷지에서 사방 2mm씩 줄여준 후 시접 6mm를 그려준다.

7. 밑판 닷지

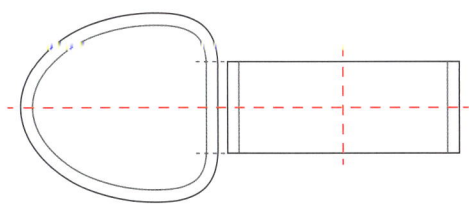

1. 가로 : 디자인할 때 정한 가로 크기에 시접 6mm를 더해준다.
2. 폭 : 옆판 닷지의 하단을 기준으로 한다. 하단의 곡선이 시작되기 직전까지의 길이를 밑판의 폭으로 정한다. 애매한 숫자로 떨어질 경우 소수점을 제외한다.
   (예 : 10.43일 경우 10cm를 폭으로 정한다.)

6. 옆판 안감 보강형

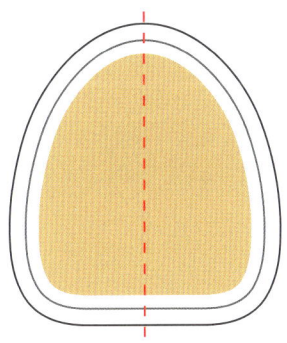

1. 안감 닷지에서 시접 6mm를 제외한 후 사방 4mm씩 줄여준다.

8. 밑판 피가다

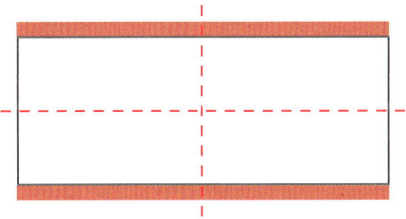

1. 가로는 닷지의 길이와 동일하다.
2. 폭의 양쪽에 4mm씩 더해준다.

9. 밑판 보강형

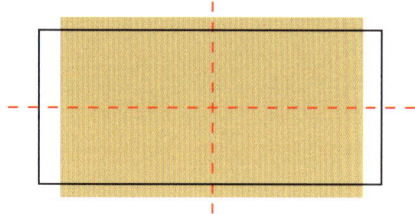

1. 폭은 피가다의 폭과 동일하다.
2. 양옆은 시접 6mm를 제외한 후 사방 4mm씩 줄여준다.

11. 밑판 안감 보강형

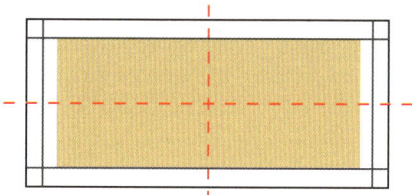

1. 밑판 안감 닷지에서 위아래 헤리 8mm를 줄여준다.
2. 양옆은 시접을 제외한 후 4mm씩 줄여준다.

10. 밑판 안감 닷지

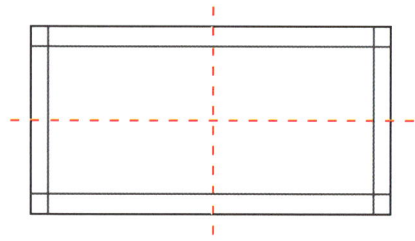

1. 밑판 닷지에서 위아래 헤리 8mm씩 더해준다.
2. 양옆은 밑판 닷지에서 2mm씩 줄여주고 시접 6mm를 그려
　 준다.

12. 원판 닷지

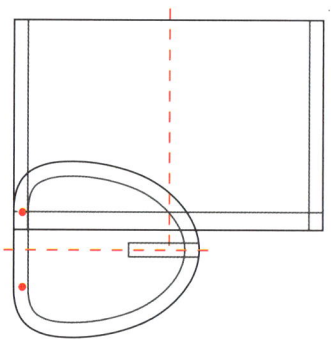

1. 가로는 밑판 닷지의 길이와 동일하다.
2. 옆판의 중심선을 기준으로 밑판 폭의 1/2을 제외한 한쪽 면
　 의 길이가 곧 원판의 세로 길이가 된다.
3. 옆판 한쪽 면의 둘레를 대략 구하고 원판과 밑판이 겹쳐지는
　 10mm 여유 폭도 더하여 종이를 넉넉하게 재단한다.
4. 옆판 하단과 밑판이 합쳐지는 점이 원판 하단의 10mm 위에
　 점과 겹쳐진 상태에서 옆판 둘레 길이를 구하기 시작한다.
5. 옆판과 원판을 합체할 때, 시접 6mm 안쪽에서 바느질 되므로
　 옆판의 6mm 안쪽이 축이 되어 원판의 세로 길이를 측정한다.
6. 옆판의 엣지와 원판 옆면의 엣지가 딱 맞물리도록 옆판 둘레의
　 1/2 길이를 측정한다. 이때 옆판 상단에 그려놓은 지퍼 창틀까
　 지 3회 굴려서 나온 길이의 평균값으로 세로 길이를 정한다.

13. 원판 피가다

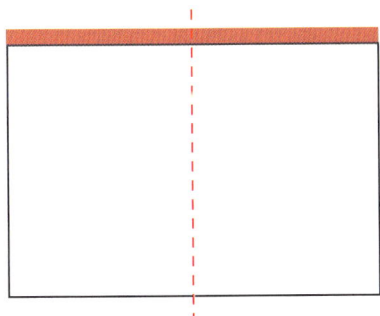

1. 닷지에서 윗면만 4mm 더해준다.

15. 원판 안감 닷지

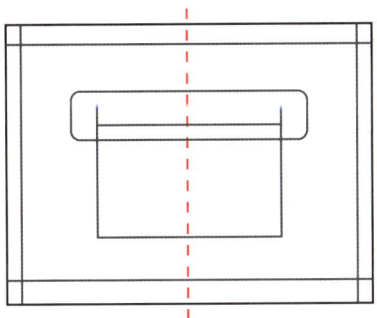

1. 원판 닷지에서 양면 2mm씩 줄여준다.

2. 원판 닷지의 세로 길이를 구했던 것과 동일한 방식으로 옆판 안감 닷지를 이용해 원판 안감의 세로 길이를 측정한다.

3. 옆판을 기준으로 밑판이 끝나는 지점부터 지퍼가 시작되는 지점까지의 옆판 둘레의 1/2 길이를 측정한다.

4. 윗면에 헤리 8mm, 바닥에는 10mm 여유분을 더해준다.

14. 원판 보강형

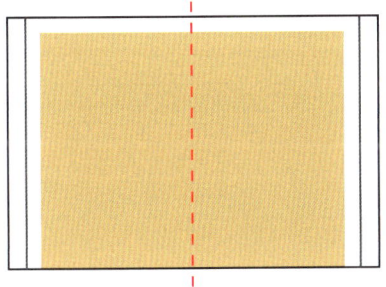

1. 원판 닷지에서 윗면을 4mm 줄여준다.

2. 양옆은 시접을 제외한 후 4mm씩 줄여준다.

16. 원판 입구 보강형

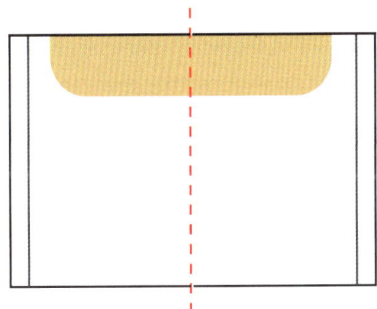

1. 가로 길이는 시접을 제외한 후 10mm씩 줄여준다.

2. 높이는 가방의 크기에 따라 30~70mm로 잡아준다.

3. 아랫면의 양쪽은 곡선으로 만들어준다.

17. 안감 지퍼 창틀 닷지

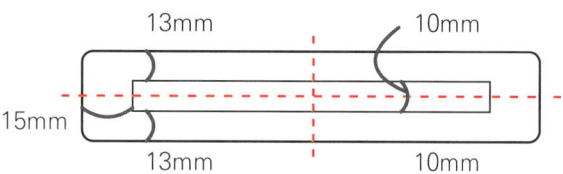

1. 안감에 그려 넣은 크기를 그대로 적용하여 재단해 준다.
2. 3호 지퍼의 경우 10mm 폭으로 창을 만들어주며 창틀의 두께는 위아래 13mm, 양옆 15mm로 만들어주면 안정적인 형태를 얻을 수 있다.

18.안감 지퍼 창틀 피가다

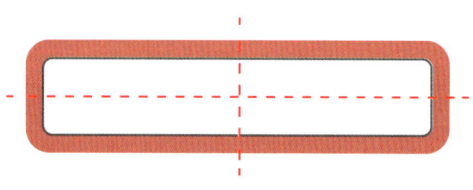

1. 닷지에서 4면 4mm씩 더해준다.

19. 창틀 안감 닷지

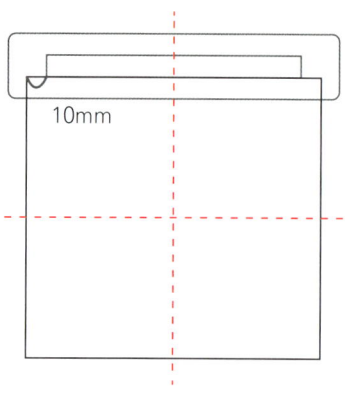

1. 가로 : 지퍼 창의 가로 길이에서 양옆 10mm씩 더해준다.
2. 세로 : 원하는 깊이에 2배로 재단해 준다.

20. 안감용 포켓 닷지

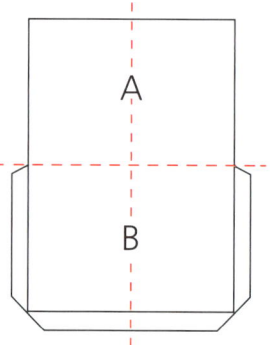

1. 원단은 가죽보다 두께가 얇아 2겹으로 만들어 줘야 하므로, 계획한 포켓의 크기보다 2배 넉넉하게 패턴지를 재단한다.
2. (+) 십자 칼금을 넣고 칼금의 위쪽(A)에 계획한 크기와 형태를 스케치한 후 칼금 아래(B) 쪽에도 똑같이 그려준다. 이때 원단을 반으로 접은 후 드러나는 단면에 보풀이 생길 수 있으므로 B의 테두리에는 헤리 마감할 수 있게 8mm씩 더해준다.

21. 모모

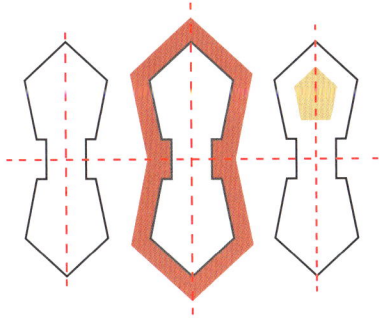

1. 닷지 : 원하는 크기와 형태로 재단해 준다.
2. 피가다 : 닷지에서 4면 4mm씩 더해준다.
3. 모리감 : 닷지에서 한 면만 4면 4mm씩 줄여준다.

22. 손잡이

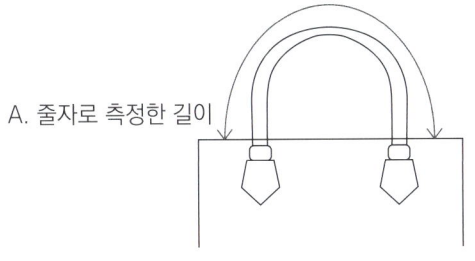

A. 줄자로 측정한 길이

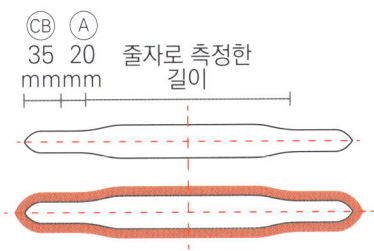

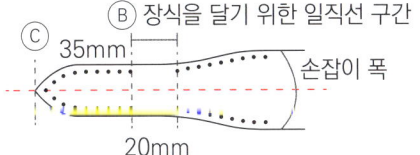

Ⓒ ⓑ 장식을 달기 위한 일직선 구간
35mm   손잡이 폭
20mm

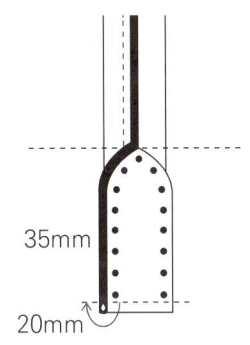

35mm
20mm

통통이	가죽두께	
	1.6	1.8
0.6	30	32
0.7	32	34
0.8	34	36
0.9	36	38
1.0	38	40

1. 원판 패턴에 그린 모모의 상단을 줄자로 이어 적당한 길이를 측정한다.

2. 손잡이의 폭은 통통이 심재의 두께와 가죽의 두께를 고려하여 정한다. 1.6mm 두께의 가죽을 사용하고 7mm 두께의 심재를 사용한 경우 손잡이의 폭을 32mm로 설정한다.

3. 측정한 길이(a)의 양쪽에 사각 링을 감쌀 수 있는 여유분 (b) 20mm, 바느질해 줄 여유분(c) 35mm를 더해준다. 20mm 구간은 사각링의 내경에 맞추어 칼금과 평행한 일직선으로 만들어준다. 35mm 구간은 완성되었을 때에 모양이 예쁘도록 통통한 나뭇잎 모양으로 그려준다.

4. 장식을 달기 위한 일직선 구간(b)과 32mm의 손잡이 폭을 자연스럽게 이어준다. 이때 모서리 혹은 일직선으로 이어주게 되면 완성되었을 때 모양이 부자연스러워지므로 오목한 곡선과 볼록한 곡선을 자연스럽게 이어서 그려준다.

5. 나뭇잎 모양으로 그려준 35mm 구간(c)에 손바느질을 위한 구멍을 만들어준다. 엣지에서 3mm 안쪽에 디바이더로 기준선을 긋고 꼭지점부터 4mm 간격으로 구멍을 표시한다. 장식을 감싸는 (b) 구간 20mm가 끝난 지점부터 (c)구간에 표시한 구멍의 갯수만큼 동일한 간격으로 표시해준다. 이때 20mm, 35mm 등의 간격을 완벽히 맞추지 않아도 된다. 1mm~1.5mm 이내의 오차범위가 발생할 수 있다.

패턴 한눈에 보기

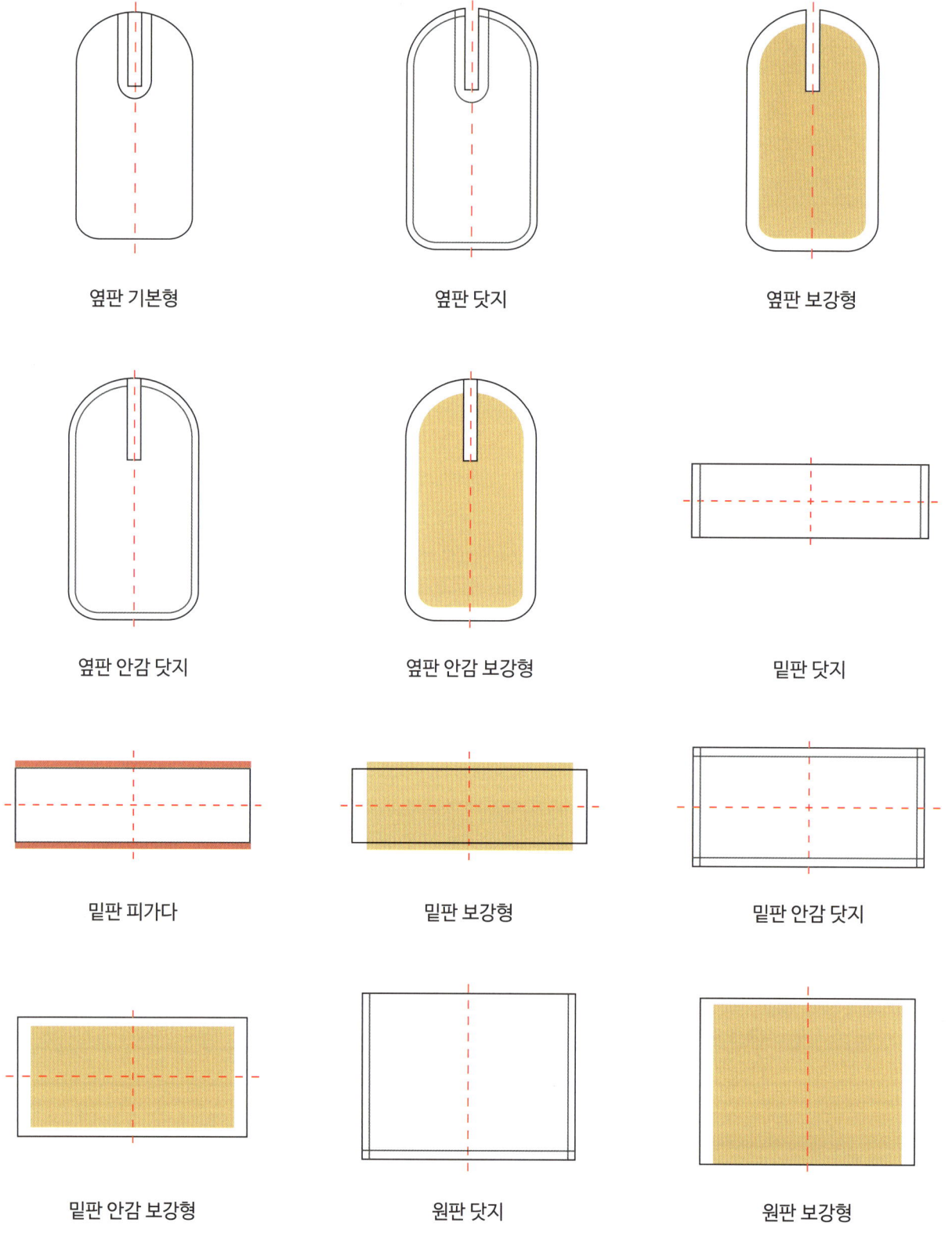

옆판 기본형

옆판 닷지

옆판 보강형

옆판 안감 닷지

옆판 안감 보강형

밑판 닷지

밑판 피가다

밑판 보강형

밑판 안감 닷지

밑판 안감 보강형

원판 닷지

원판 보강형

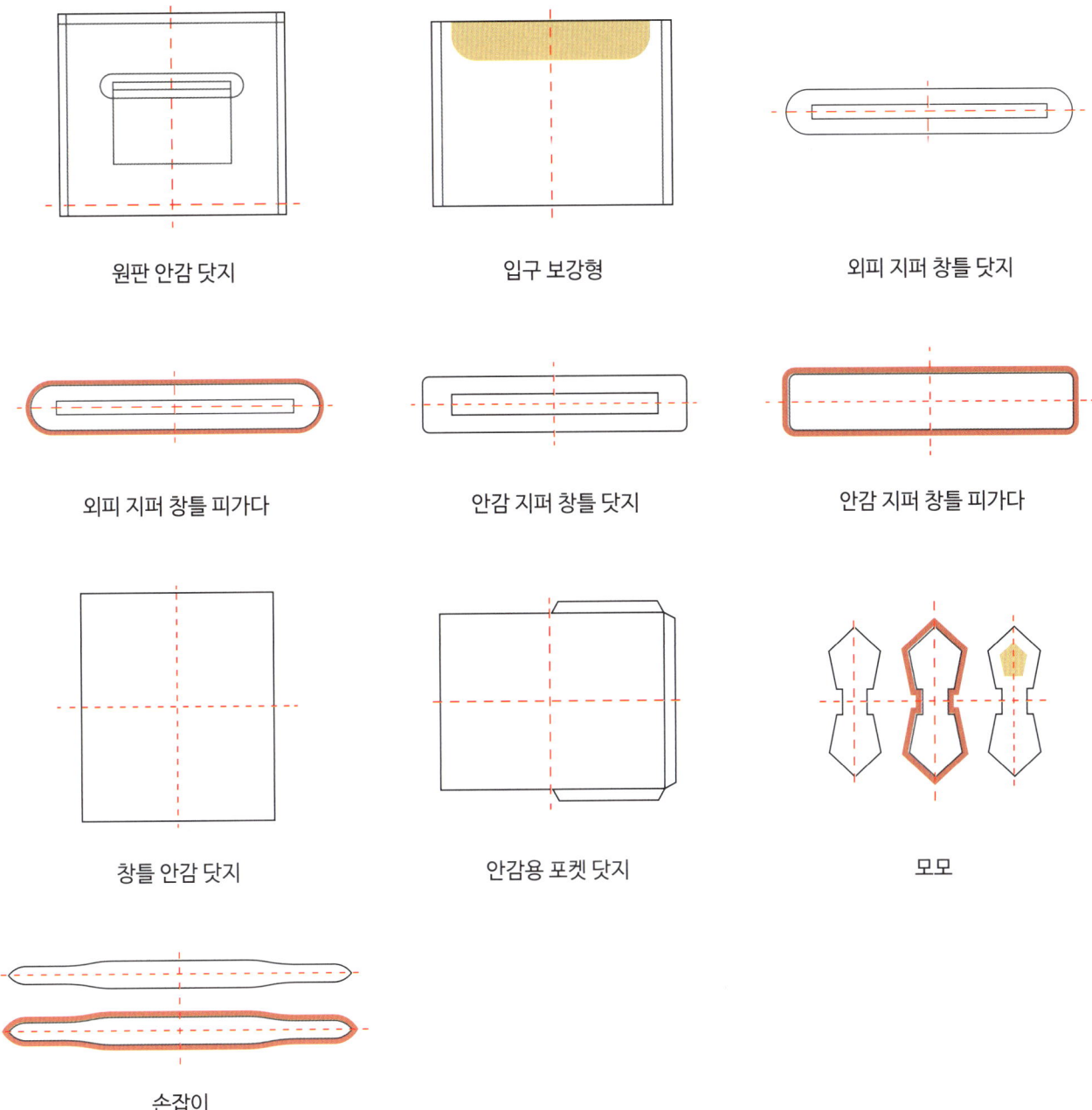

원판 안감 닷지

입구 보강형

외피 지퍼 창틀 닷지

외피 지퍼 창틀 피가다

안감 지퍼 창틀 닷지

안감 지퍼 창틀 피가다

창틀 안감 닷지

안감용 포켓 닷지

모모

손잡이

패턴 제작의 순서   지퍼 브릿지

1. 스케치＆디자인

1. 가로 x 높이 x 폭의 크기를 정하고 A4용지에 입체형태를 그려준다.
2. 옆판의 형태는 정원에서 타원까지 다양한 원형을 구사할 수 있다.
3. 옆판의 형태와 비율, 손잡이, 모모, 지퍼 창틀 등 디자인 요소를 디테일하게 계획할수록 이쁜 가방을 만들 수 있다.

3. 옆판 닷지

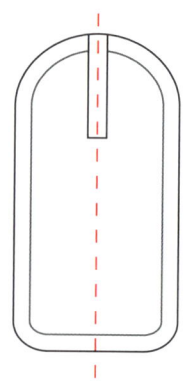

1. 기본형에서 사방 시접 6mm를 더해준다.
2. 지퍼 주변은 지퍼 창틀과 겹쳐지는 8mm를 남겨두고 파내어준다.

2. 옆판 기본형

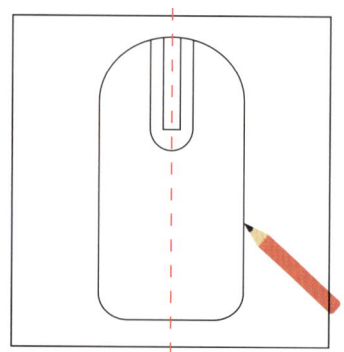

1. 디자인한 크기보다 넉넉한 종이를 준비한다.
2. (一) 일자 칼금을 넣어준다.
3. 옆판 전체를 그려서 형태와 비율을 확인한 후 재단해 준다.
4. 전체 곡선에서 모서리가 생기지 않게 정성껏 재단해 준다. (앞으로의 패턴에서 가장 중요한 작업!!)

4. 옆판 보강형

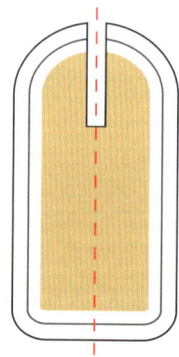

1. 닷지에서 시접 6mm를 제외한 후 4mm씩 줄여준다.
2. 지퍼 주변은 닷지와 같은 크기로 만들어준다.

5. 옆판 안감 닷지

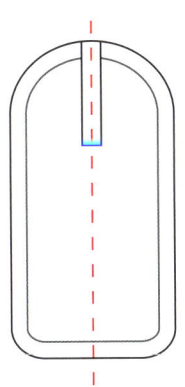

1. 옆판 닷지를 기준으로 사방으로 2mm씩 줄여준다.
2. 지퍼 주변은 헤리를 접어줘야 하므로 파내지 않고 지퍼가 들어갈 폭(feat.14mm)만 그려준다.

7. 밑판 닷지

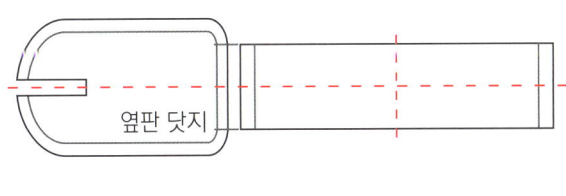

1. 가로 : 디자인할 때 정한 가로 크기에 시접 6mm를 더해준다.
2. 폭 : 옆판 닷지의 하단을 기준으로 한다. 하단 곡선이 시작 되기 직전까지의 길이를 밑판의 폭으로 정한다. 애매한 숫자로 떨어질 경우 소수점을 제외한다.
   (예 : 10.43일 경우 10cm를 폭으로 정한다.)

6. 옆판 안감 보강형

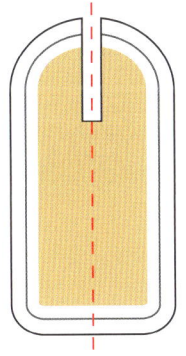

1. 옆판 안감 닷지에서 시접 6mm를 제외한 후 사방 4mm씩 줄여 준다. 지퍼 주변은 지퍼가 들어갈 폭(feat.14mm) 만큼 파내어준다.

8. 밑판 피가다

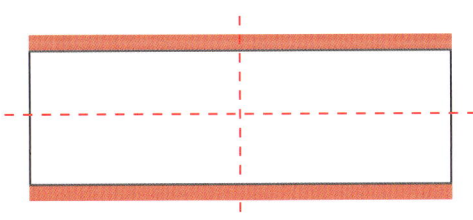

1. 가로는 닷지의 길이와 동일하다.
2. 폭의 양쪽에 4mm씩 더해준다.

9. 밑판 보강형

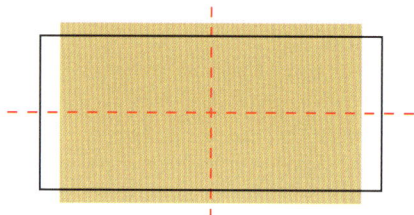

1. 폭은 피가다의 폭과 동일하다.
2. 양옆은 시접 6mm를 제외한 후 사방 4mm씩 줄여준다.

11. 밑판 안감 보강형

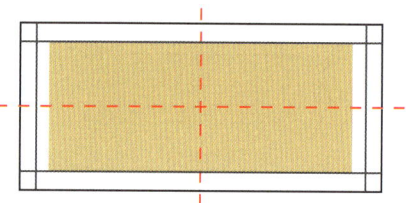

1. 안감 밑판 닷지에서 위아래 헤리 8mm를 줄여준다.
2. 양옆은 시접을 제외한 후 4mm씩 줄여준다.

10.밑판 안감 닷지

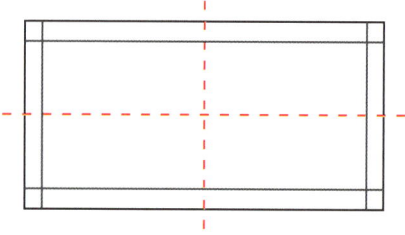

1. 밑판 닷지에서 위아래 헤리 8mm씩 더해준다.
2. 양옆은 밑판 닷지에서 2mm씩 줄여주고 시접 6mm를 그려준다.

12. 원판 닷지

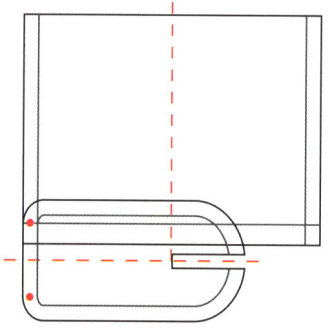

1. 가로는 밑판 닷지의 길이와 동일하다.
2. 옆판의 중심선을 기준으로 밑판 폭의 1/2을 제외한 한쪽 면의 길이가 곧 원판의 세로 길이가 된다.
3. 옆판 한쪽 면의 둘레를 대략 구하고 원판과 밑판이 겹쳐지는 10mm 여유 폭도 더하여 종이를 넉넉하게 재단한다.
4. 옆판 하단에서 밑판이 합쳐지는 점이 원판 하단의 10mm 위에 점과 겹쳐진 상태에서 옆판 둘레 길이를 구하기 시작한다.
5. 옆판과 원판을 합체할 때, 시접 6mm 안쪽에서 바느질 되므로 옆판의 6mm 안쪽이 축이 되어 원판의 세로 길이를 측정한다.
6. 옆판의 엣지와 원판 옆면의 엣지가 딱 맞물리도록 옆판 둘레의 1/2 길이를 측정한다. 이때 옆판 상단에 그려놓은 지퍼 창틀까지 3회 굴려서 나온 길이의 평균값으로 세로 길이를 정한다.

13. 원판 보강형

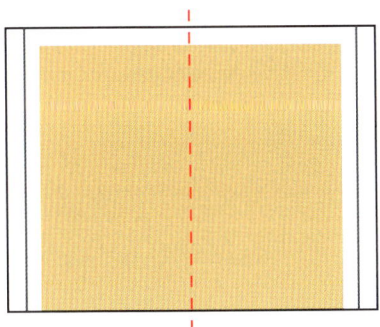

1. 닷지에서 윗면을 4mm 줄여준다.
2. 양옆은 시접 6mm를 제외한 후 4mm씩 줄여준다.

15. 입구 보강형

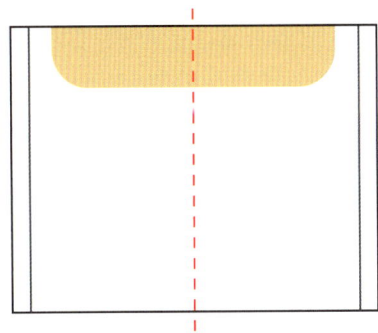

1. 가로 길이는 시접을 제외한 후 10mm씩 줄여준다.
2. 높이는 가방의 크기에 따라 30~70mm로 잡아준다.
3. 아랫면의 양쪽은 곡선으로 만들어준다.

14. 원판 안감 닷지

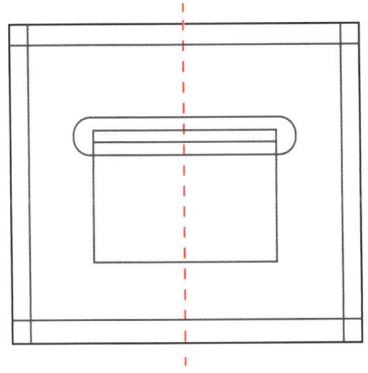

1. 원판 닷지에서 양면 2mm씩 줄여준다.
2. 원판 닷지의 세로 길이를 구했던 것과 동일한 방식으로 옆판 안감 닷지를 이용해 원판 안감의 세로 길이를 측정한다.
3. 옆판을 기준으로 밑판이 끝나는 지점부터 지퍼가 시작되는 지점까지의 옆판 둘레의 1/2 길이를 측정한다.
4. 윗면에 헤리 8mm, 바닥에는 10mm 여유분을 더해준다.

16. 외피 지퍼 창틀 닷지

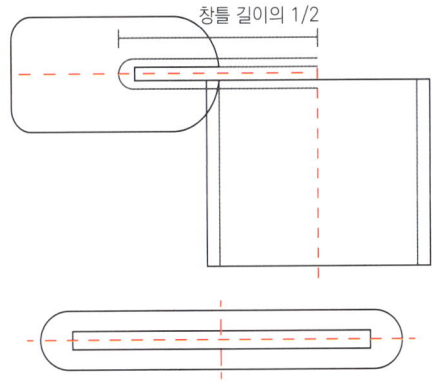

창틀 길이의 1/2

1. 폭 : 옆판 기본형에 디자인한 크기 그대로 적용한다.
2. 가로 : 원판에서 양옆의 시접을 제외한 길이에 옆판 기본형에 그려 넣을 길이를 더해준다. 이때 옆판은 2개이므로 (옆판+ 원판+옆판)으로 측정해 준다. 계산을 하면 헷갈릴 수 있으므 로 실물의 패턴을 실제로 붙여서 자로 측정하면 실수나 오차 를 줄일 수 있다.

17. 외피 지퍼 창틀 피가다

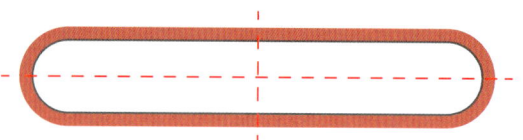

1. 닷지에서 4면 4mm씩 더해준다.

19. 안감 지퍼 창틀 피가다

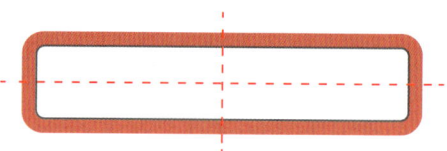

1. 닷지에서 4면 4mm씩 더해준다.

18. 안감 지퍼 창틀 닷지

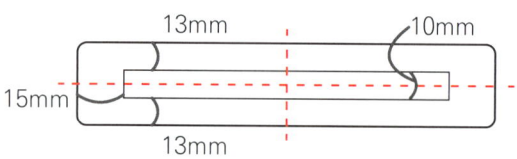

1. 안감에 그려 넣은 크기를 그대로 적용하여 재단해 준다.
2. 3호 지퍼의 경우 10mm 폭으로 창을 만들어주며 창틀의 두께는 위아래 13mm, 양옆 15mm로 만들어주면 안정적인 형태를 얻을 수 있다.

20. 창틀 안감 닷지

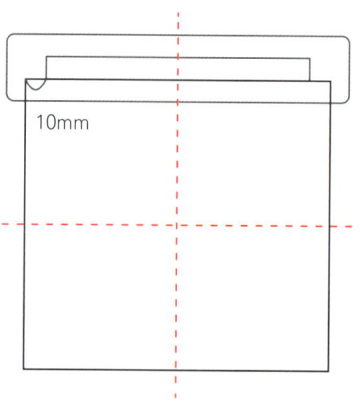

1. 가로 : 지퍼창틀 기준으로 양면 10mm씩 더해준다.
2. 세로 : 원하는 깊이에 2배로 재단해 준다.

21. 안감용 포켓

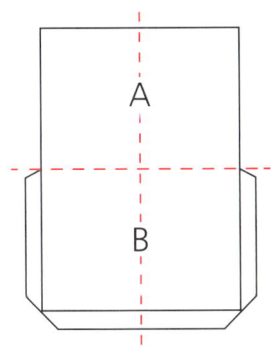

1. 원단은 가죽보다 두께가 얇아 2겹으로 만들어 줘야 하므로, 계획한 포켓의 크기보다 2배 넉넉하게 패턴지를 재단한다.

2. (+) 십자 칼금을 넣고 칼금의 위쪽(A)에 계획한 크기와 형태를 스케치한 후 칼금 아래(B) 쪽에도 똑같이 그려준다. 이때 원단을 반으로 접은 후 드러나는 단면에 보풀이 생길 수 있으므로 B의 테두리에는 헤리 마감할 수 있게 8mm씩 더해준다.

22.모모

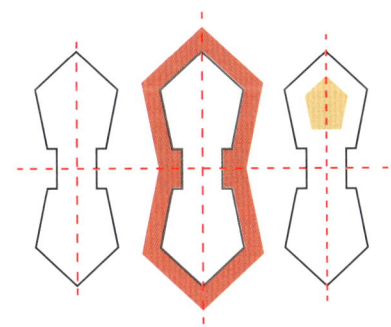

1.닷지 : 원하는 크기와 형태로 재단해 준다.

2.피가다 : 닷지에서 4면 4mm씩 더해준다.

3.모리감 : 닷지에서 한 면만 4면 4mm씩 줄여준다.

23. 손잡이

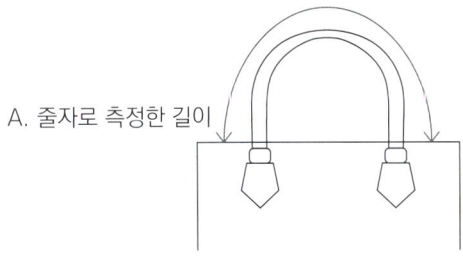

A. 줄자로 측정한 길이

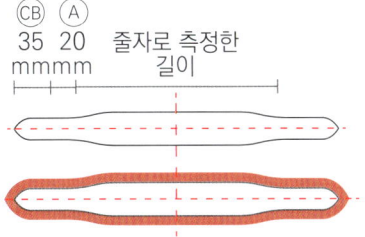

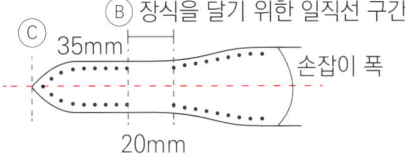

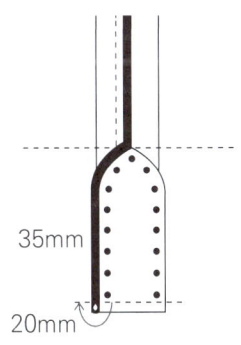

	가죽두께	
통통이	1.6	1.8
0.6	30	32
0.7	32	34
0.8	34	36
0.9	36	38
1.0	38	40

1. 원판 패턴에 그린 모모의 상단을 줄자로 이어 적당한 길이를 측정한다.

2. 손잡이의 폭은 통통이 심재의 두께와 가죽의 두께를 고려하여정한다. 1.6mm 두께의 가죽을 사용하고 7mm 두께의 심재를 사용한 경우 손잡이의 폭을 32mm로 설정한다.

3. 측정한 길이(a)의 양쪽에 사각 링을 감쌀 수 있는 여유분(b) 20mm, 바느질해줄 여유분(c) 35mm를 더해준다. 20mm 구간은 사각 링의 내경에 맞추어 칼금과 평행한 일직선으로 만들어준다. 35mm 구간은 완성되었을 때에 모양이 예쁘도록 통통한 나뭇잎 모양으로 그려준다.

4. 장식을 달기 위한 일직선 구간(b)과 32mm의 손잡이 폭을 자연스럽게 이어준다. 이때 모서리 혹은 일직선으로 이어주게 되면 완성되었을 때 모양이 부자연스러워지므로 오목한 곡선과 볼록한 곡선을 자연스럽게 이어서 그려준다.

5. 나뭇잎 모양으로 그려준 35mm 구간(c)에 손바느질을 위한 구멍을 만들어준다. 엣지에서 3mm 안쪽에 디바이더로 기준선을 긋고 꼭지점부터 4mm 간격으로 구멍을 표시한다. 장식을 감싸는 (b) 구간 20mm가 끝난 지점부터 (c)구간에 표시한 구멍의 갯수만큼 동일한 간격으로 표시해준다. 이때20mm, 35mm 등의 간격을 완벽히 맞추지 않아도 된다. 1mm~1.5mm 이내의 오차범위가 발생할 수 있다.

패턴 한눈에 보기

브릿지

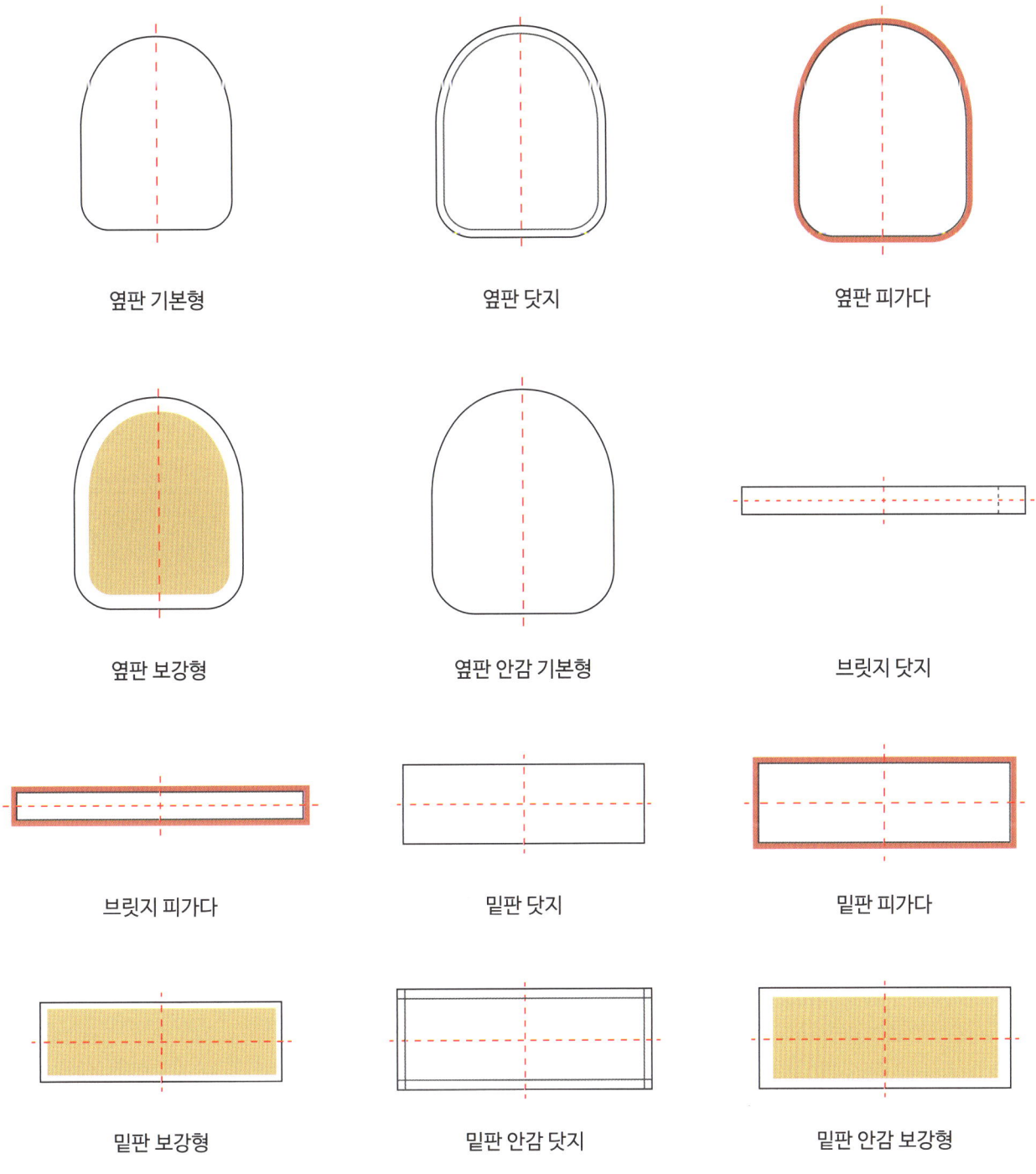

옆판 기본형

옆판 닷지

옆판 피가다

옆판 보강형

옆판 안감 기본형

브릿지 닷지

브릿지 피가다

밑판 닷지

밑판 피가다

밑판 보강형

밑판 안감 닷지

밑판 안감 보강형

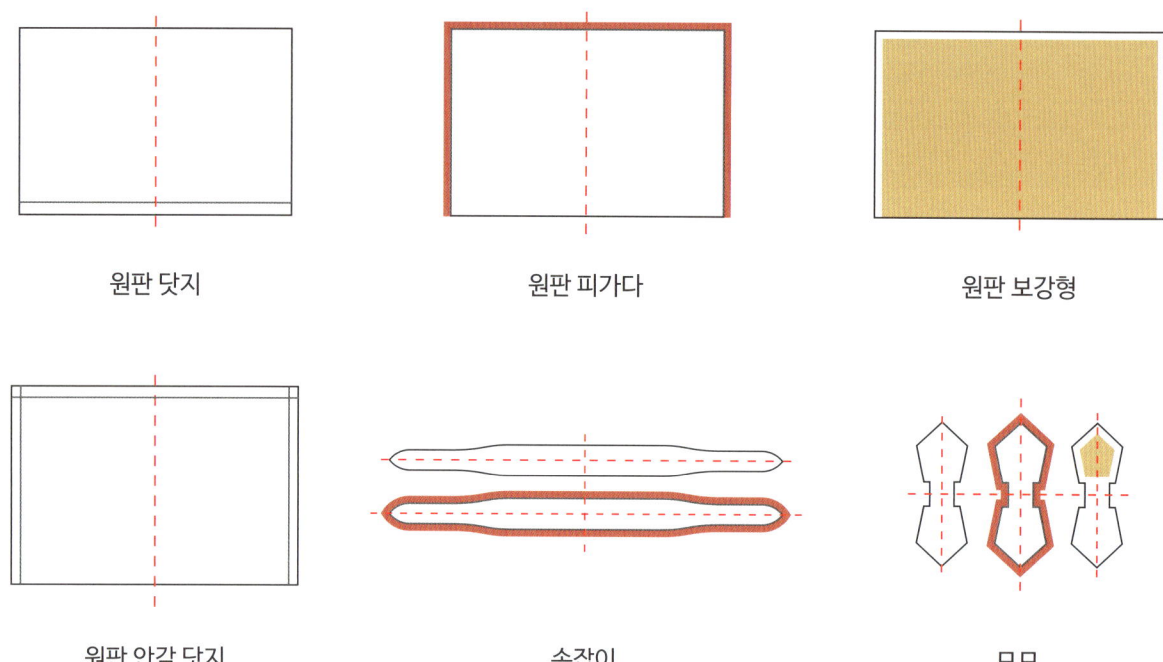

| 원판 닷지 | 원판 피가다 | 원판 보강형 |

| 원판 안감 닷지 | 손잡이 | 모모 |

패턴 제작의 순서   브릿지

1. 스케치&디자인

1. 가로 x 높이 x 폭의 크기를 정하고 A4용지에 입체형태를 그려준다.
2. 옆판의 형태는 정원에서 타원까지 다양한 원형을 구사할 수 있다.
3. 옆판의 형태와 비율, 손잡이, 모모, 지퍼 창틀 등 디자인 요소를 디테일하게 계획할수록 이쁜 가방을 만들 수 있다.

3. 옆판 닷지

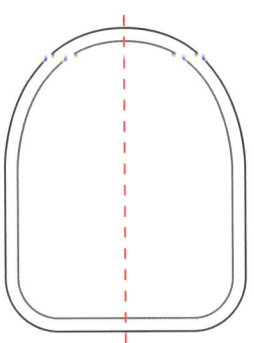

1. 기본형에서 사방 3mm씩 더해준다.

2. 옆판 기본형

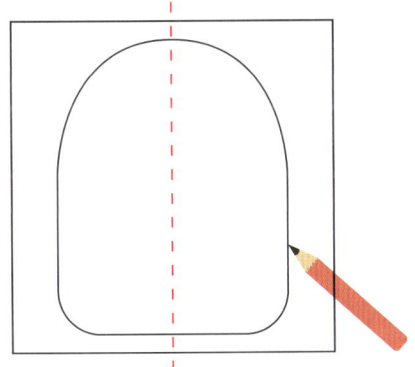

1. 디자인한 크기보다 넉넉한 종이를 준비한다.
2. (ㅡ) 일자 칼금을 넣어준다.
3. 옆판 전체를 그려서 형태와 비율을 확인한 후 재단해 준다.
4. 전체 곡선에서 모서리가 생기지 않게 정성껏 재단해 준다. (앞으로의 패턴에서 가장 중요한 작업!!)

4. 옆판 피가다

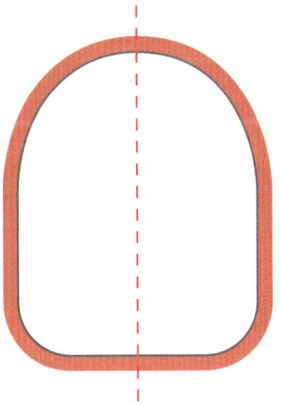

1. 옆판 닷지에서 사방 4mm씩 더해준다.

5. 옆판 보강형

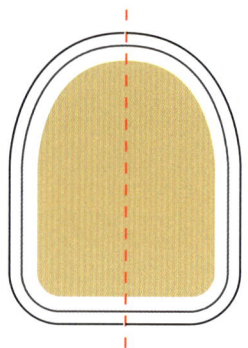

1. 옆판 닷지에서 사방 3mm를 제외한 후 사방 4mm씩 줄여준다.

6. 옆판 안감 닷지

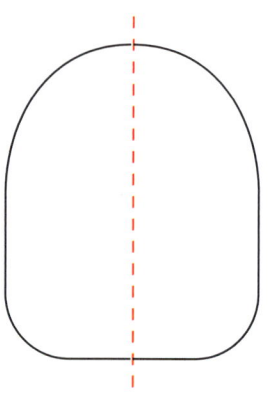

1. 옆판 피가다와 동일하게 재단해 준다.

7. 브릿지 닷지

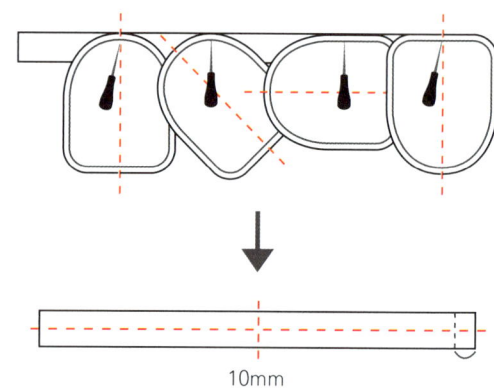

1. 폭은 15mm로 설정한다.
2. 대략적으로 옆판의 둘레를 구하고 브릿지의 가로 길이를 넉넉하게 재단한다.
3. 옆판 상단의 중앙이 브릿지의 중앙에 겹쳐진 상태에서 옆판 둘레의 길이를 구하기 시작한다.
4. 옆판과 브릿지를 합체할 때, 3mm 안쪽에서 바느질 되므로 옆판의 3mm 안쪽이 축이 되어 옆판 둘레의 1/2 길이를 측정한다.
5. 3회 굴려서 나온 길이의 평균값으로 브릿지의 가로 길이를 정한다.
6. 브릿지의 양쪽 끝은 겹쳐서 이어주어야 하므로 한쪽 끝에 10mm 여유분을 더해준다.

8. 브릿지 피가다

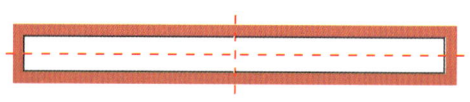

1. 닷지에서 4면 4mm씩 더해준다.

9. 밑판 닷지

11. 밑판 보강형

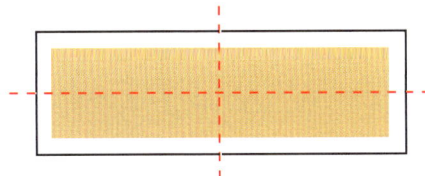

1. 가로 : 디자인할 때 정한 가로 길이와 동일하다.

2. 폭 : 옆판 닷지의 하단을 기준으로 한다. 하단 곡선이 시작 되기 직전까지의 길이를 밑판의 폭으로 정한다. 애매한 숫자로 떨어질 경우 소수점을 제외한다.
(예 : 10.43일 경우 10cm를 폭으로 정한다.)

1. 닷지에서 4면 4mm씩 줄여준다.

10. 밑판 피가다

12. 밑판 안감 닷지

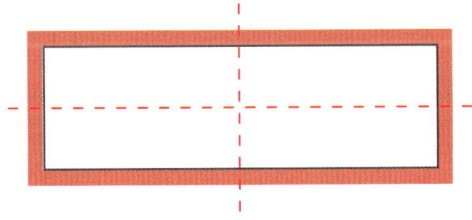

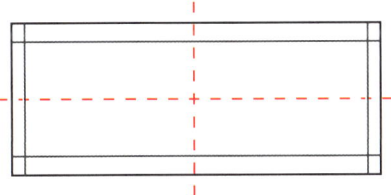

1. 닷지에서 4면 4mm씩 더해준다.

1. 밑판 닷지에서 위아래 헤리 8mm씩 더해준다.

2. 양옆은 밑판 피가다와 같은 크기로 재단해 준다.

13. 밑판 안감 보강형

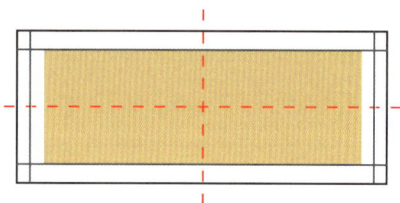

1. 밑판 안감 닷지에서 위아래 헤리 8mm를 줄여준다.
2. 양옆은 밑판 닷지에서 4mm씩 줄여준다.

15. 원판 피가다

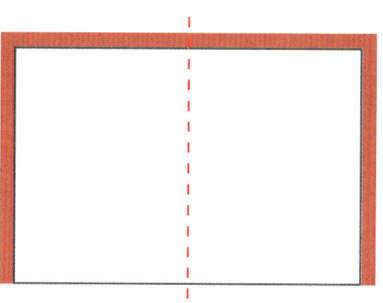

1. 원판 닷지에서 바닥을 제외한 3면에 4mm씩 더해준다.

14.원판 닷지

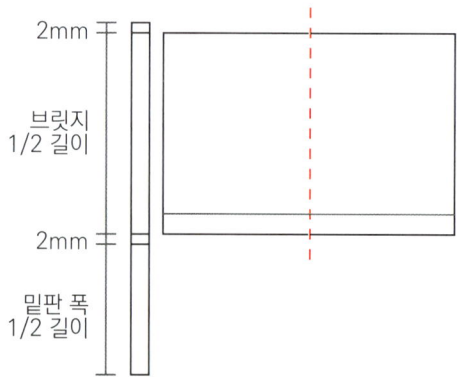

1. 브릿지를 기준으로 측정한다. 브릿지 길이 1/2에서 밑판의
   폭 1/2 길이를 뺀 나머지가 원판의 세로 길이가 된다.
2. 옆판과 브릿지가 합봉이 된 후, 브릿지 외부로 둘러 원판과
   합봉이 되므로 브릿지의 길이보다 원판의 길이가 위아래로
   2mm씩 늘려주어야 한다.
3. 하단에 밑판과 겹쳐지는 10mm 여유분을 더해준다.

   * 브릿지를 내피, 원판은 외피라고 생각하면 이해하는 데 도움이 된다.

16. 원판 보강형

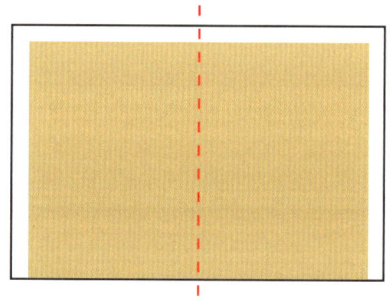

1. 원판 닷지에서 바닥을 제외한 3면에 4mm씩 줄여준다.

17. 원판 안감 닷지

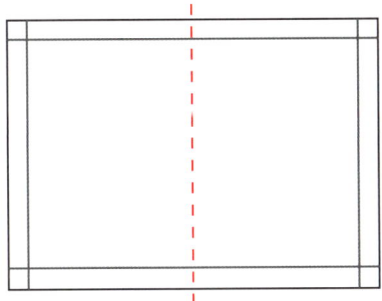

1. 원판 닷지에서 위아래 2mm씩 줄여준다.
2. 윗면에는 헤리 8mm, 하단에는 밑판과 겹쳐지는10mm 여유분을 더해준다.
3. 양옆은 4mm씩 더해준다.

18.모모

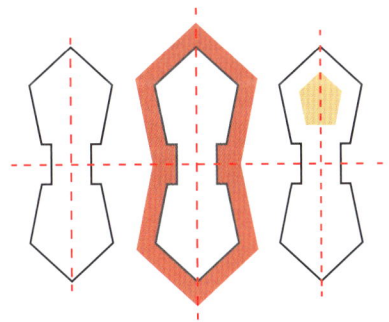

1. 닷지 : 원하는 크기와 형태로 재단해 준다.
2. 피가다 : 닷지에서 4면 4mm씩 더해준다.
3. 모리감 : 닷지에서 한 면만 4면 4mm씩 줄여준다.

19. 손잡이

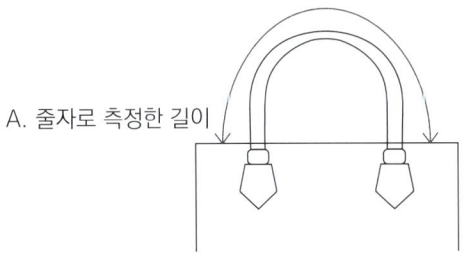

A. 줄자로 측정한 길이

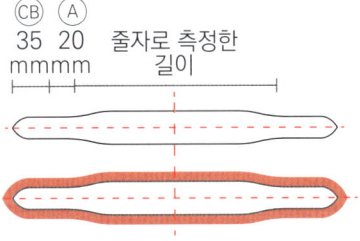

CB	A
35	20	줄자로 측정한 길이
mm	mm

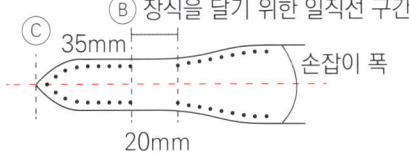

Ⓑ 장식을 달기 위한 일직선 구간

Ⓒ 35mm

손잡이 폭

20mm

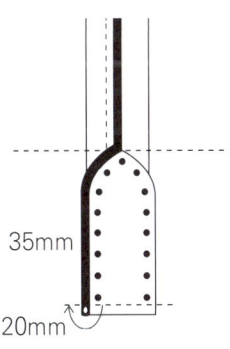

35mm

20mm

통통이	가죽두께	
	1.6	1.8
0.6	30	32
0.7	32	34
0.8	34	36
0.9	36	38
1.0	38	40

1. 원판 패턴에 그린 모모의 상단을 줄자로 이어 적당한 길이를
   측정한다.

2. 손잡이의 폭은 통통이 심재의 두께와 가죽의 두께를 고려하
   여 정한다. 1.6mm 두께의 가죽을 사용하고 7mm 두께의 심
   재를 사용한 경우 손잡이의 폭을 32mm로 설정한다.

3. 측정한 길이(a)의 양쪽에 사각 링을 감쌀 수 있는 여유분(b)
   20mm, 바느질해 줄 여유분(c) 35mm를 더해준다. 20mm
   구간은 사각 링의 내경에 맞추어 칼금과 평행한 일직선으로
   만들어준다. 35mm 구간은 완성되었을 때에 모양이 예쁘도
   록 통통한 나뭇잎 모양으로 그려준다.

4. 장식을 달기 위한 일직선 구간(b)과 32mm의 손잡이 폭을
   자연스럽게 이어준다. 이때 모서리 혹은 일직선으로 이어주
   게 되면 완성되었을 때 모양이 부자연스러워지므로 오목한
   곡선과 볼록한 곡선을 자연스럽게 이어서 그려준다.

5. 나뭇잎 모양으로 그려준 35mm 구간(c)에 손바느질을 위한
   구멍을 만들어준다. 엣지에서 3mm 안쪽에 디바이더로 기
   준선을 긋고 꼭지점부터 4mm 간격으로 구멍을 표시한다.
   장식을 감싸는 (b) 구간 20mm가 끝난 지점부터 (c)구간
   에 표시한 구멍의 갯수만큼 동일한 간격으로 표시해준다. 이
   때 20mm, 35mm 등의 간격을 완벽히 맞추지 않아도 된다.
   1mm~1.5mm 이내의 오차범위가 발생할 수 있다.

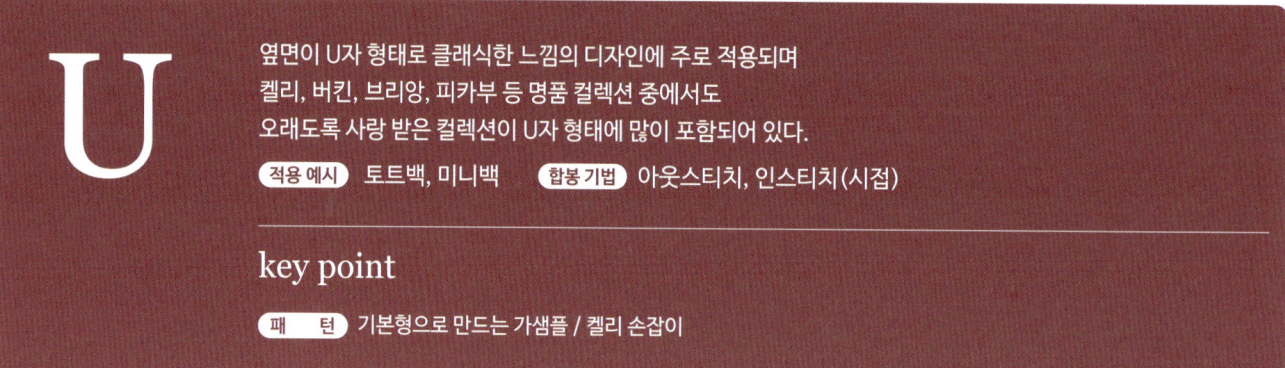

옆면이 U자 형태로 클래식한 느낌의 디자인에 주로 적용되며
켈리, 버킨, 브리앙, 피카부 등 명품 컬렉션 중에서도
오래도록 사랑 받은 컬렉션이 U자 형태에 많이 포함되어 있다.

적용 예시) 토트백, 미니백   합봉 기법) 아웃스티치, 인스티치(시접)

key point

패 턴) 기본형으로 만드는 가샘플 / 켈리 손잡이

패턴 한눈에 보기   **아웃스티치**

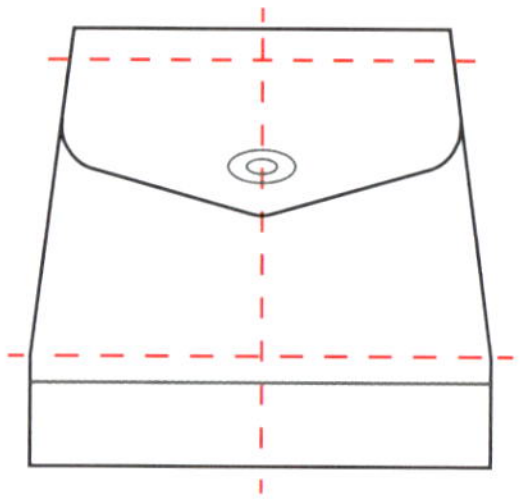

앞판 기본형

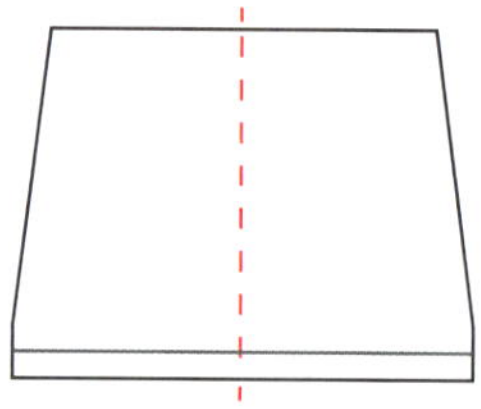

앞판 닷지

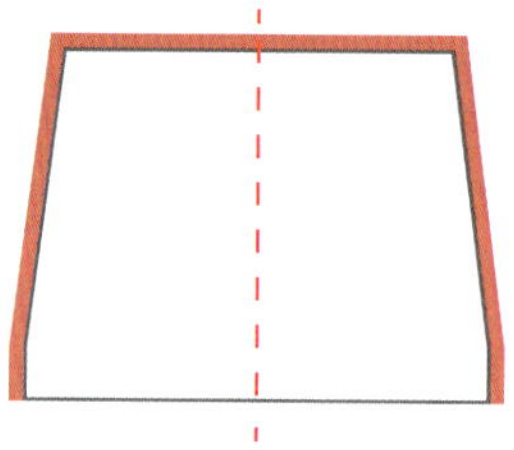

앞판 피가다

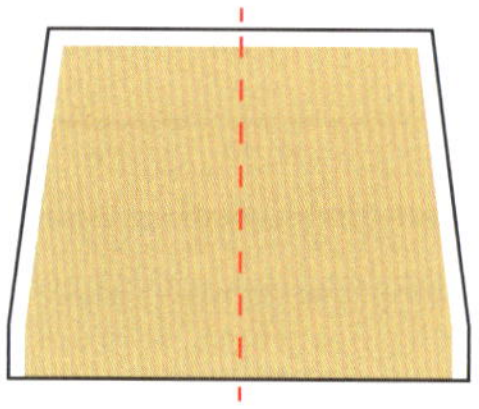

앞판 보강형

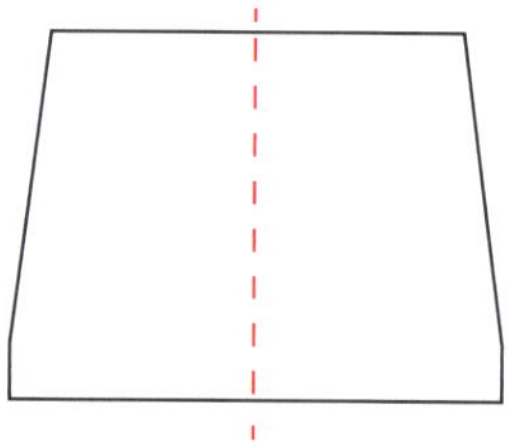

앞판 안감 닷지

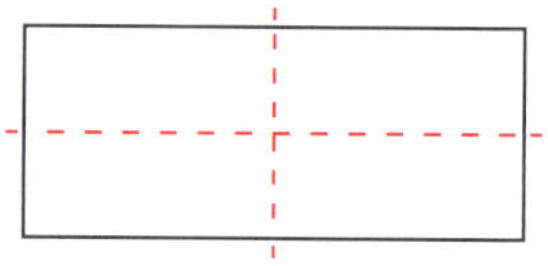

밑판 닷지

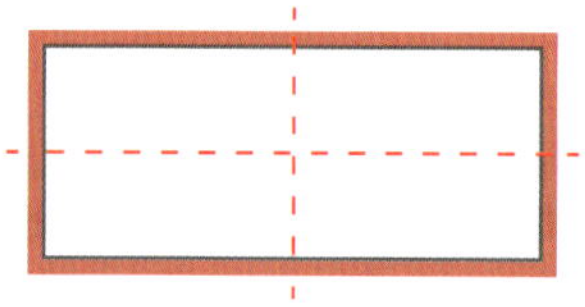

밑판 피가다

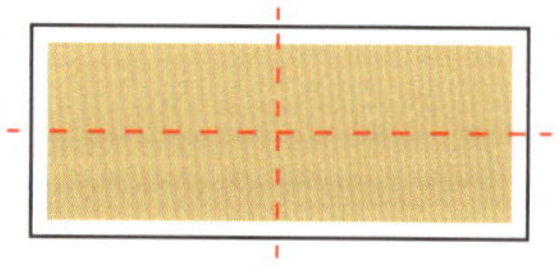

밑판 보강형

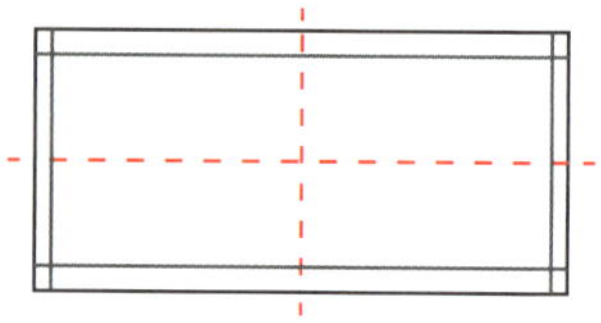

밑판 안감 닷지

밑판 안감 보강형

옆판 닷지

옆판 피가다

옆판 안감 닷지

뒷판 닷지

뒷판 피가다

뒷판 보강형

뚜껑 내피 닷지

뚜껑 내피 피가다

모모

손잡이 밑판

손잡이 윗판

패턴 제작의 순서   아웃스티치

1. 스케치 & 디자인

1. 가로 x 높이 x 폭의 크기를 정하고 A4용지에 입체형태를 그려준다.

2. 앞판의 하단보다 상단이 줄어든 사다리 꼴 형태로 디자인하면 안정감을 높일 수 있다.

3. 옆판 또한 하단보다 상단의 폭을 줄여 디자인하면 안정감을 높일 수 있다.

4. 뚜껑의 모양, 옆판 하단의 곡률, 손잡이, 잠금 장식 등 디자인 요소를 디테일하게 계획할수록 이쁜 가방을 만들 수 있다.

1. 앞판과 밑판의 1/2이 연결된 기본형 패턴을 만든다. 종이를 세워 완성되었을 때 가방의 크기와 형태, 비율을 가늠하는 가 샘플의 역할을 한다.

2. 디자인한 가로 길이를 그대로 적용한다.

3. 폭의 1/2 + 높이 + 15mm를 더해 총 세로 길이를 정한다. 중 앙에 세로로 칼금을 넣어주고 폭의 1/2, 높이, 상단 아래에 15 mm 가로로 칼금을 넣어준다.

4. 앞판 하단의 가로 길이보다 상단의 가로 길이를 10~15mm 정도씩 줄여주면 보다 안정적인 형태로 가방을 만들 수 있다. 밑판이 끝나는 지점 10mm 위부터 양면이 줄어들기 시작하 는데 이는 앞판과 옆판이 합봉될 때를 고려한 것으로 옆판의 곡선이 끝난 지점부터 앞판을 사다리꼴로 만들어준다.

5. 가로로 그어준 칼금의 10~15mm 아래에 밑판의 시작선을 그려준다. 이때 U자형의 옆판 하단의 곡률에 따라 밑판의 폭 을 정해준다.

6. 앞판에 들어가는 뚜껑의 모양, 장식 등의 디테일은 빠짐없이 그려준다.

2. 앞판 기본형

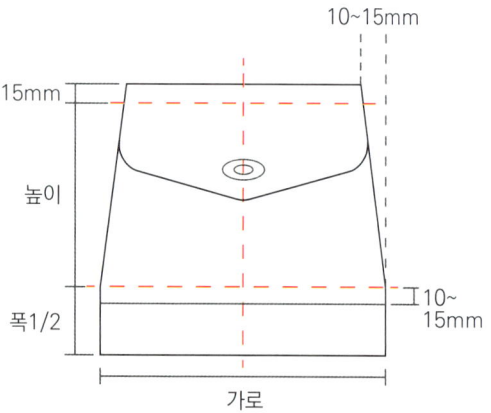

3. 앞판 닷지

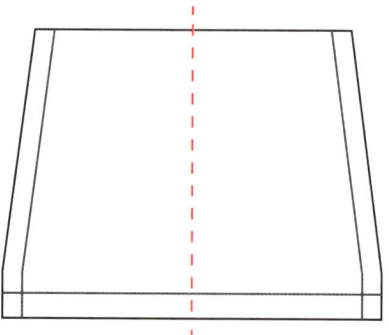

1. 기본형 기준으로 앞판을 그려준다.

2. 기본형의 높이에서 상단 15mm를 제외하고 밑판의 폭을 제 외한 부분이 앞판이 된다.

3. 하단에 밑판과 겹쳐지는 10mm 여유분을 더해준다.

4. 앞판 피가다

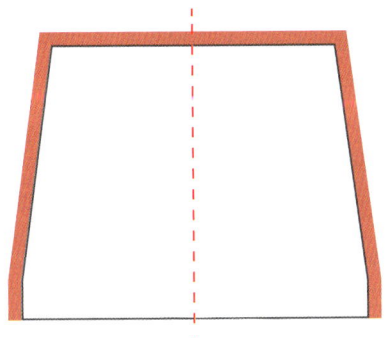

1. 닷지에서 하단을 제외한 3면을 4mm씩 더해준다.

6. 앞판 안감 닷지

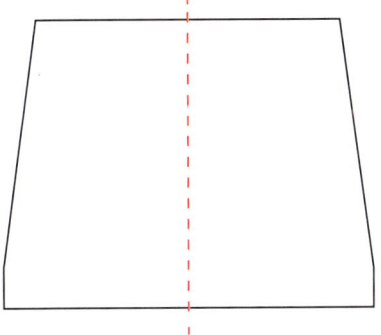

1. 앞판 피가다와 동일하게 재단해 준다.

5. 앞판 보강형

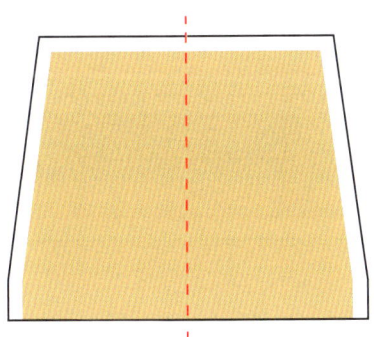

1. 닷지에서 하단을 제외한 3면을 4mm씩 줄여준다.

7. 밑판 닷지

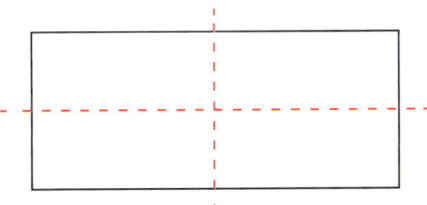

1. 기본형에 그려둔 스케치를 기준으로 밑판을 만들어준다.

2. 기본형에서 칼금 아래에 그려둔 선의 하단이 밑판의 1/2이므로 그보다 2배가 되는 크기의 밑판을 (+) 십자 패턴으로 만들어준다.

  * 디자인할 때 정한 폭의 크기는 전체 가방의 크기이며, 밑판의 폭은 그보다 작아진다.

8. 밑판 피가다

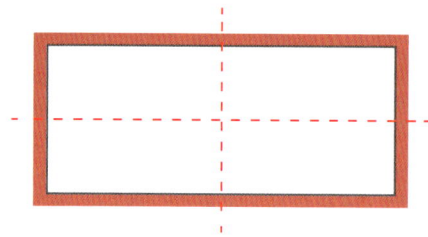

1. 닷지에서 4면 4mm씩 더해준다.

10. 밑판 안감 닷지

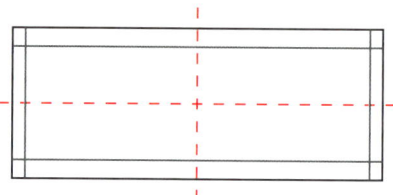

1. 밑판 닷지에서 위아래 헤리 8mm씩 더해준다.
2. 양옆은 밑판 피가다와 같은 크기로 재단해 준다.

9. 밑판 보강형

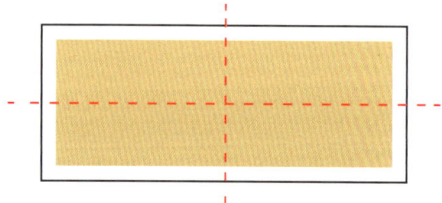

1. 닷지에서 4면 4mm씩 줄여준다.

11. 밑판 안감 보강형

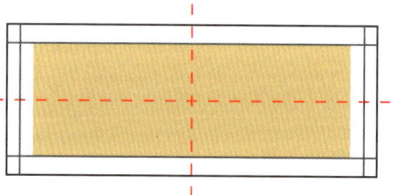

1. 밑판 안감 닷지에서 위아래 헤리 8mm를 줄여준다.
2. 양옆은 밑판 닷지에서 4mm씩 줄여준다.

12. 옆판 닷지

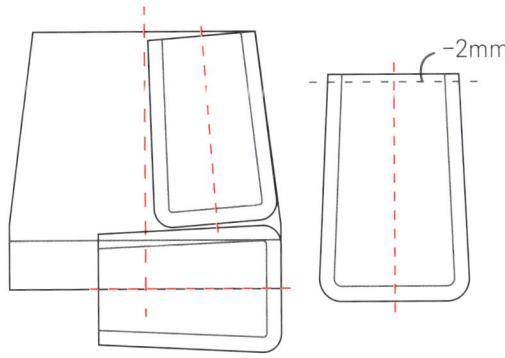

1. 디자인한 가방 높이보다 20mm 정도의 여유를 더하고 하단에 곡선을 만들어준다. 이때 하단의 직선 구간은 밑판의 폭과 동일하며 직선이 끝나는 지점부터 곡선이 시작된다.

2. 기본형을 기준으로 옆판의 크기를 측정한다.

3. 만들어 놓은 옆판의 중심이 기본형의 하단과 겹쳐지도록 만든 상태에서 길이를 재기 시작한다. 옆판의 3mm 안쪽이 축이 되어 옆판의 엣지와 기본형의 엣지가 딱 맞물리도록 옆판 둘레의 1/2 길이를 잰다.

4. 3회 굴려서 나온 길이에 평균값으로 옆판의 높이를 정한다. 이때, 높이에서 2mm를 더 잘라내어 주면 원판과 옆판을 합봉할 때 남지도 모자라지도 않게 예쁘게 완성할 수 있다.

13. 옆판 피가다

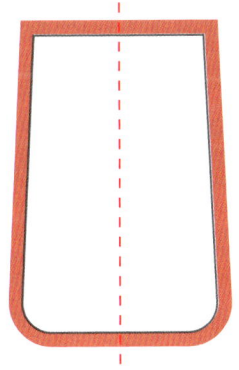

1. 닷지에서 4면 4mm씩 더해준다.

14. 옆판 안감 닷지

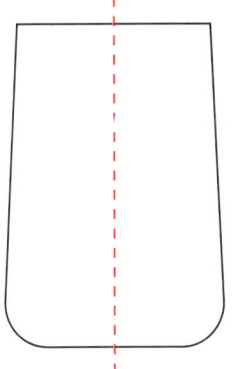

1. 옆판 피가다와 동일하게 재단해 준다.

15. 뒷판 닷지

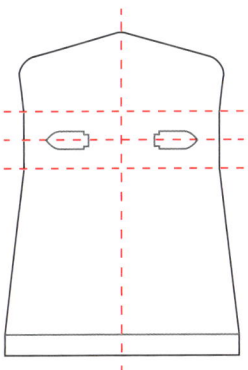

1. 옆판의 폭을 기준으로 뚜껑의 폭을 정해준다.

2. 앞판 닷지에 뚜껑폭을 더하고 기본형에 그려놓은 뚜껑을 그대로 붙여준다.

3. 넉넉한 크기의 종이에 세로로 칼금을 한 줄 넣고, 앞판의 상단, 뚜껑의 폭 중앙, 뚜껑이 시작되는 부분에 가로로 칼금 3줄을 그어준 후 앞판+뚜껑폭+뚜껑을 스케치한 후 재단해 준다.

16. 뒷판 피가다

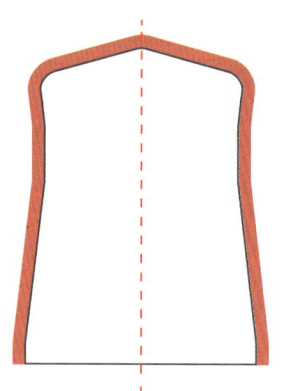

1. 닷지에서 하단을 제외한 3면을 4mm씩 더해준다.

18. 뚜껑 내피 닷지

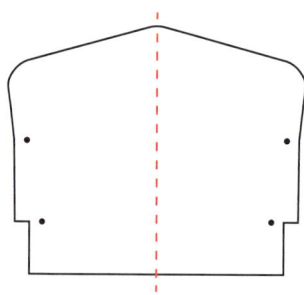

1. 가로 부분은 뚜껑 닷지 크기와 동일하게 떠준다.

2. 굴려 붙이기 위해, 뚜껑이 꺾이는 곳을 기준으로 2mm씩 줄여준다. 이때 뚜껑의 폭에서 총 4mm가 줄어들게 된다.

3. 뚜껑폭의 아랫부분은 30mm 정도의 폭을 더해준다.

17. 뒷판 보강형

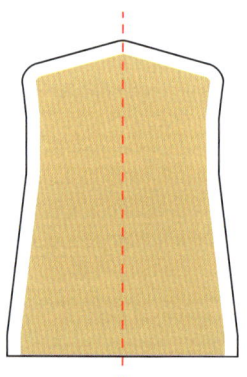

1. 닷지에서 하단을 제외한 3면을 4mm씩 줄여준다.

19. 뚜껑 내피 피가다

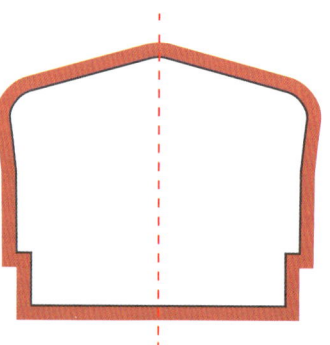

1. 닷지에서 4면 4mm씩 더해준다.

20. 밑판 손잡이

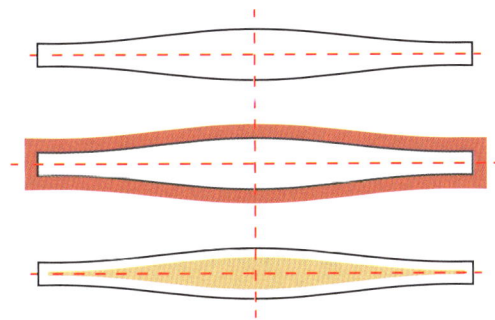

1. 닷지 : 원하는 크기와 형태로 재단해 준다.

2. 피가다 : 닷지에서 4면 4mm씩 더해준다.

3. 모리감 : 닷지에서 4면 4mm씩 줄여준다.

  * 곡면이 있을 경우, 전체 형태를 그린 후 재단해 준다.

22. 윗판 손잡이 피가다

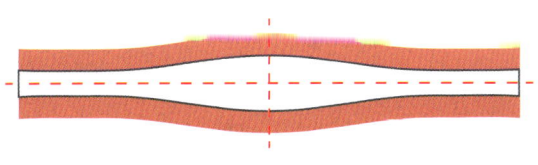

1. 손잡이 밑판에 두꺼운 모리감이 들어가는 경우가 많으므로 위, 아래에 8mm 여유분을 더해준다.

2. 손잡이 아래로 겹쳐지는 양쪽 길이는 닷지와 동일하므로 늘리지 않는다.

21. 윗판 손잡이 닷지

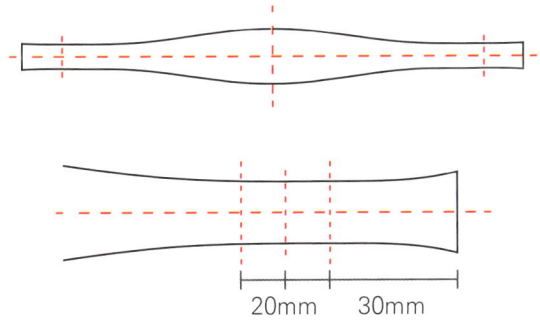

1. 밑판의 닷지를 기준으로 양쪽에 D 링, 혹은 사각링에 걸기 위한 여유폭을 더해준다.

2. 링을 감싸는 부분은 20mm 길이로 더해주고 폭은 장식의 내경에 맞춰준다. 이때 20mm의 중심에 칼금을 넣어 양쪽이 대칭이 되게 만든다.

3. 손잡이 아래쪽에 겹쳐지는 부분은 30~35mm 여유분을 더해주고 2번에서 그려준 칼금을 기준으로 밑판 손잡이 닷지와 대칭이 되게 그려준다.

23. 모모

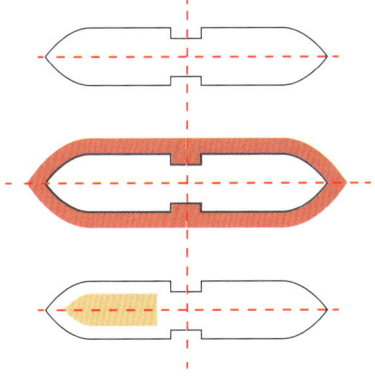

1. 닷지 : 원하는 크기와 형태로 재단해 준다.

2. 피가다 : 닷지에서 4면 4mm씩 더해준다.

3. 모리감 : 닷지에서 한 면만 4면 4mm씩 줄여준다.

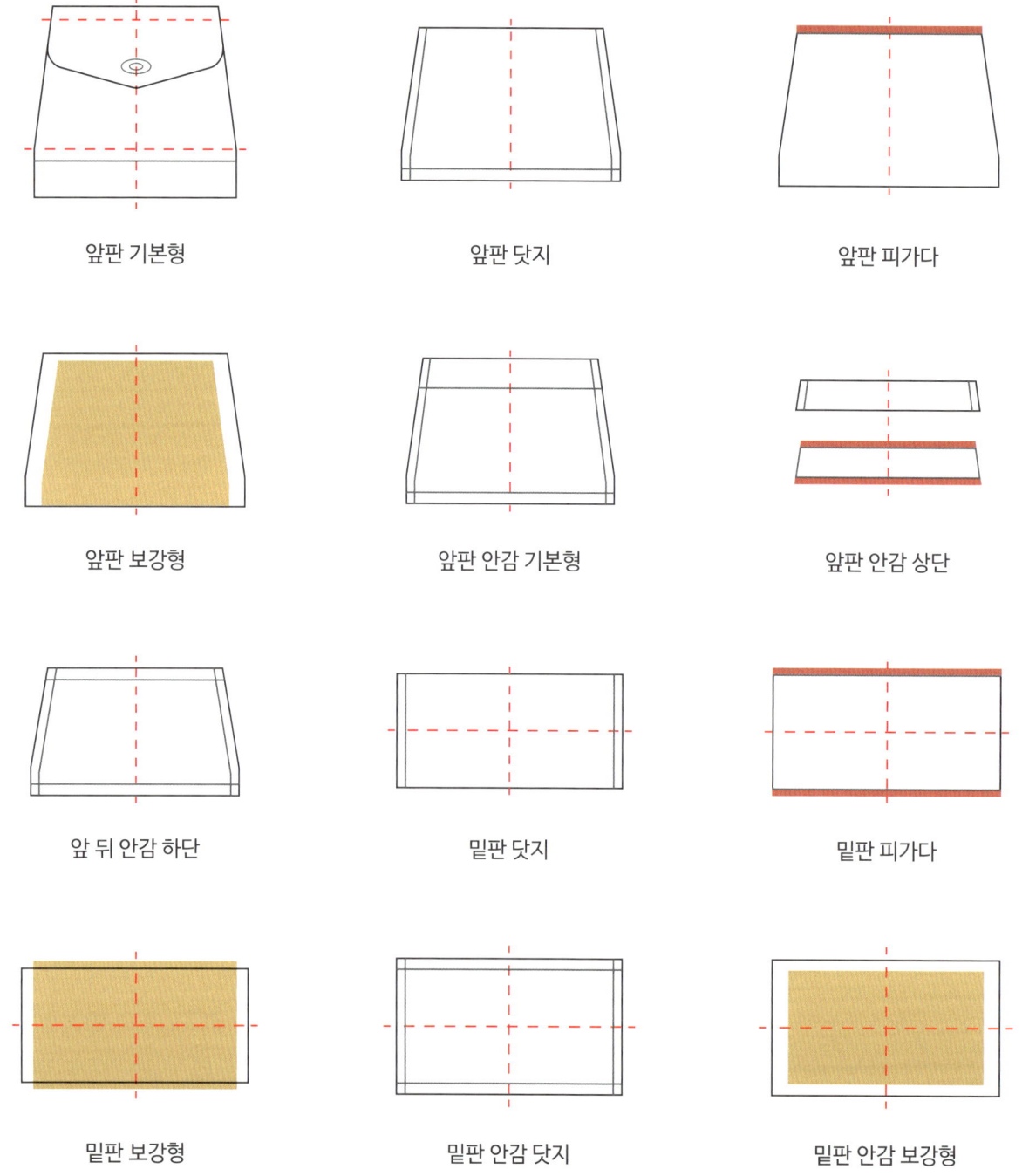

앞판 기본형

앞판 닷지

앞판 피가다

앞판 보강형

앞판 안감 기본형

앞판 안감 상단

앞 뒤 안감 하단

밑판 닷지

밑판 피가다

밑판 보강형

밑판 안감 닷지

밑판 안감 보강형

옆판 닷지

옆판 피가다

옆판 안감 기본형

옆판 안감 상단

옆판 안감 하단

뒷판 닷지

뒷판 피가다

뒷판 보강형

뚜껑 내피 닷지

뚜껑 내피 피가다

모모

밑판 손잡이

윗판 손잡이

패턴 제작의 순서   인스티치

1. 스케치&디자인

1. 가로 x 높이 x 폭의 크기를 정하고 A4용지에 입체형태를 그려준다.

2. 앞판의 하단보다 상단이 줄어든 사다리 꼴 형태로 디자인하면 안정감을 높일 수 있다.

3. 옆판 또한 하단보다 상단의 폭을 줄여 디자인하면 안정감을 높일 수 있다.

4. 뚜껑의 모양, 옆판 하단의 곡률, 손잡이, 잠금 장식 등 디자인 요소를 디테일하게 계획할수록 이쁜 가방을 만들 수 있다.

1. 앞판과 밑판의 1/2이 연결된 기본형 패턴을 만든다. 종이를 세워 완성되었을 때 가방의 크기와 형태, 비율을 가늠하는 가 샘플의 역할을 한다.

2. 디자인한 가로 길이를 그대로 적용한다.

3. 폭의 1/2 + 높이 + 15mm를 더해 총 세로 길이를 정한다. 중앙에 세로로 칼금을 넣어주고 폭의 1/2, 높이, 상단 아래에 15 mm 가로로 칼금을 넣어준다.

4. 앞판 하단의 가로 길이보다 상단의 가로 길이를 10~15mm 정도씩 줄여주면 보다 안정적인 형태로 가방을 만들 수 있다. 밑판이 끝나는 지점 10mm 위부터 양면이 줄어들기 시작하는데 이는 앞판과 옆판이 합봉될 때를 고려한 것으로 옆판의 곡선이 끝난 지점부터 앞판을 사다리꼴로 만들어준다.

5. 가로로 그어준 칼금의 10~15mm 아래에 밑판의 시작선을 그려준다. 이때 U자형의 옆판 하단의 곡률에 따라 밑판의 폭을 정해준다.

6. 앞판에 들어가는 뚜껑의 모양, 장식 등의 디테일은 빠짐없이 그려준다.

2. 앞판 기본형

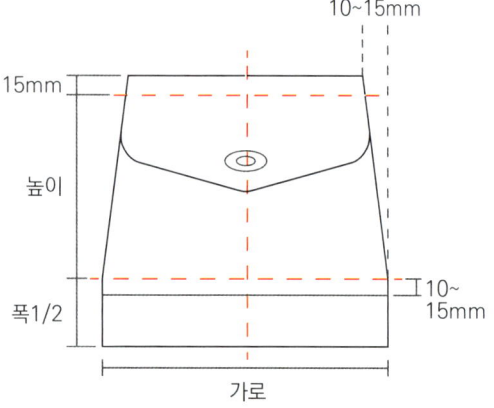

3. 앞판 닷지

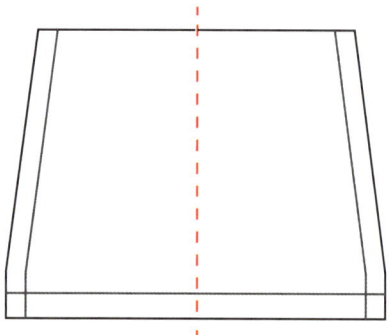

1. 기본형 기준으로 앞판을 그려준다.

2. 기본형의 높이에서 상단 15mm와 밑판의 폭을 제외한 부분이 앞판이 된다.

3. 양옆에 시접 6mm를 더해준다.

4. 하단에는 밑판과 겹쳐지는 10mm 여유분을 더해준다.

4. 앞판 피가다

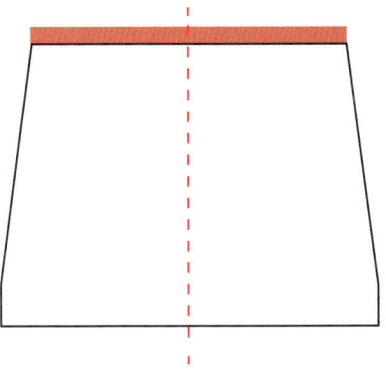

1. 닷지에서 윗면만 4mm 더해준다.

5. 앞판 보강형

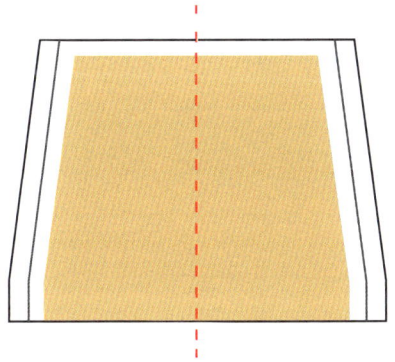

1. 닷지에서 윗면을 4mm 줄여준다.
2. 양옆은 시접 6mm를 제외한 후 4mm씩 줄여준다.

6. 앞판 안감 기본형

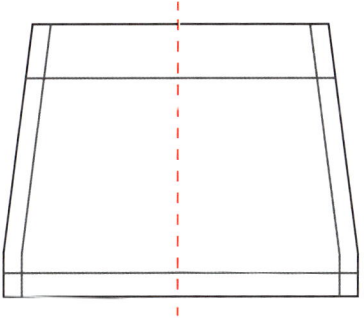

1. 앞판 닷지에서 윗면을 제외한 3면을 2mm씩 줄여준다.
2. 상단의 가죽부분, 양옆에 시접 6mm 폭, 밑면에는 10mm 여유분을 그려준다.

7. 앞판 안감 상단

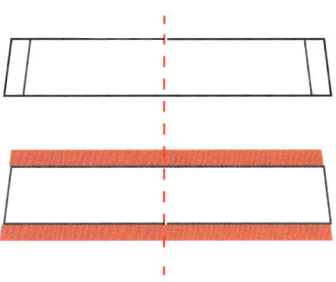

1. 가로의 길이는 안감 기본형과 동일하다.
2. 띠의 높이는 대략 30~60mm로 지정해 준다.
3. 시접 6mm 폭을 그려준다.
4. 피가다는 닷지에서 시접 부분인 양 끝을 제외하고 4mm씩 더해준다.

8. 앞 뒤 안감 하단

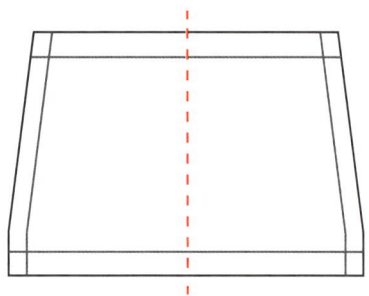

1. 기본형에 그려놓은 선 하단부에 상단 가죽띠와 겹쳐지는 10mm 여유분을 더해준다.

2. 3면에 시접 6mm 폭과 상단 10mm 겹쳐지는 폭을 그려준다.

10.밑판 피가다

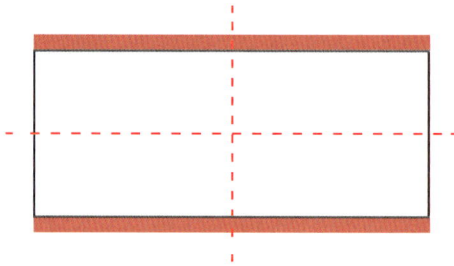

1. 가로는 닷지의 길이와 동일하다.

2. 폭의 양쪽에 4mm씩 더해준다.

9.밑판 닷지

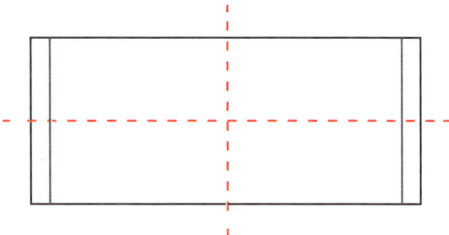

1. 기본형에 그려둔 스케치를 기준으로 밑판을 만들어준다.

2. 기본형에서 칼금 아래에 그려둔 선의 하단이 밑판의 1/2이므로 그보다 2배가 되는 크기의 밑판을 (+) 십자 패턴으로 만들어준다.

3. 양옆에 시접 6mm를 더해준다.

  * 디자인할 때 정한 폭의 크기는 전체 가방의 크기이며, 밑판의 폭은 그보다 작아진다.

11. 밑판 보강형

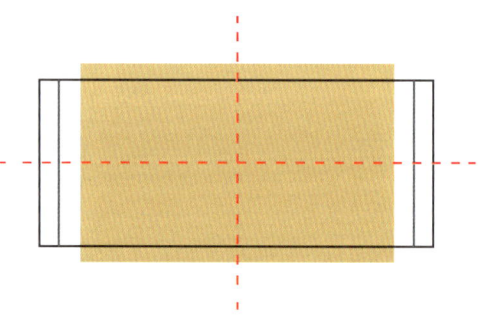

1. 폭은 피가다의 폭과 동일하다.

2. 양옆은 시접 제외 후 4mm씩 줄여준다.

12. 밑판 안감 닷지

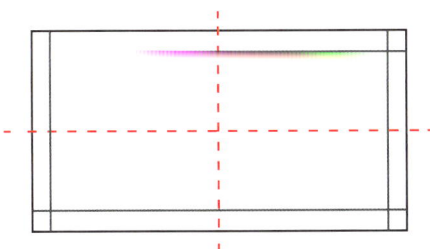

1. 밑판 닷지에서 위아래 헤리 8mm씩 더해준다.
2. 양옆은 밑판 닷지에서 2mm씩 줄여주고 시접 6mm를 그려준다.

13. 밑판 안감 보강형

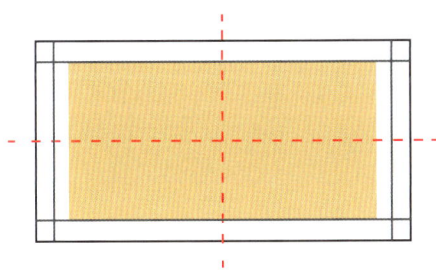

1. 밑판 안감 닷지에서 위아래 헤리 8mm를 줄여준다.
2. 양옆은 시접을 제외한 후 4mm씩 줄여준다.

14. 옆판 닷지

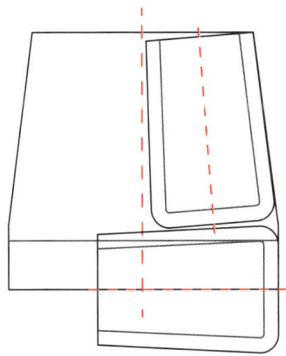

1. 디자인한 높이보다 20mm 정도의 여유를 더하고 하단에 곡선을 만들어준다. 이때 하단의 직선 구간은 밑판의 폭과 동일하며 직선이 끝나는 지점부터 곡선이 시작된다. 상단을 제외한 3면에 시접 6mm를 더해준다.
2. 기본형을 기준으로 옆판의 크기를 측정한다.
3. 만들어 놓은 옆판의 중심이 기본형의 하단과 겹쳐지도록 만든 상태에서 길이를 재기 시작한다. 옆판의 6mm 안쪽이 축이 되어 옆판의 엣지와 기본형의 엣지가 딱 맞물리도록 옆판 둘레의 1/2 길이를 잰다.
4. 3회 굴려서 나온 길이에 평균값으로 옆판의 높이를 정한다.

15. 옆판 피가다

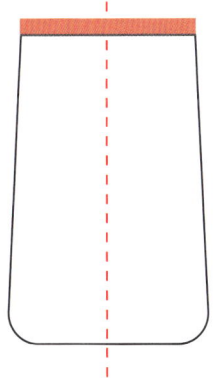

1. 닷지에서 윗면만 4mm 더해준다.

16. 옆판 안감 기본형

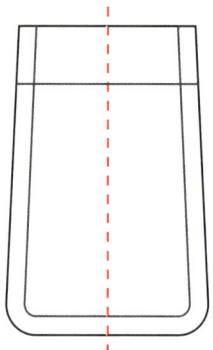

1. 옆판 닷지에서 윗면을 제외한 3면을 2mm씩 줄여준다.
2. 상단의 가죽부분과 시접 6mm 폭을 그려준다.

18. 옆판 안감 하단

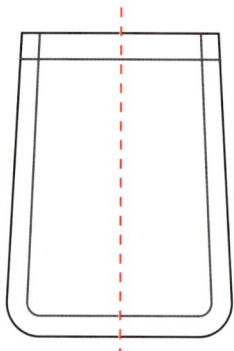

1. 기본형에 그려놓은 선 하단부에 상단 가죽 띠와 겹쳐지는 10mm 여유분을 더해준다.
2. 3면에 시접 6mm 폭과 상단 10mm 겹쳐지는 폭을 그려준다.

17. 옆판 안감 상단

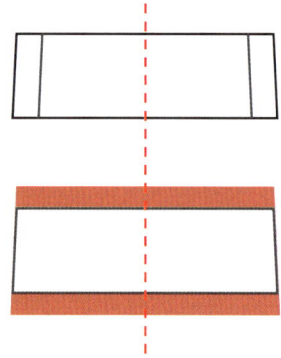

1. 가로의 길이는 안감 기본형과 동일하다
2. 띠의 높이는 대략 30~60mm로 지정해 준다.
3. 시접 6mm 폭을 그려준다.
4. 피가다는 닷지에서 시접 부분인 양 끝을 제외하고 4mm씩 더해준다.

19. 뒷판 닷지

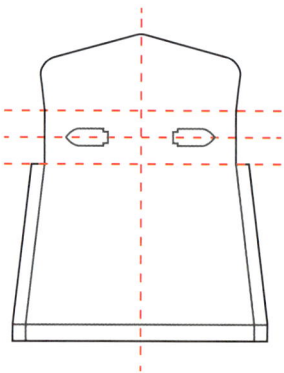

1. 옆판의 폭을 기준으로 뚜껑의 폭을 정해준다.
2. 앞판 닷지에 뚜껑폭을 더하고 기본형에 그려놓은 뚜껑을 그 대로 붙여준다.
3. 넉넉한 크기의 종이에 세로로 칼금을 한 줄 넣고, 앞판의 상 단,뚜껑의 폭 중앙, 뚜껑이 시작되는 부분에 가로로 칼금 3줄 을 그어준 후 앞판+뚜껑폭+뚜껑을 스케치한 후 재단해 준다.

20. 뒷판 피가다

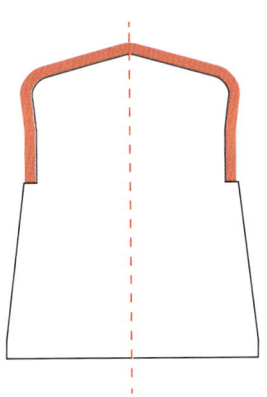

1. 닷지에서 엣지코트 마감이 되는 부분만 4mm씩 늘려준다.

   * 이때 시접이 있는 부분은 여유분을 더해줄 필요가 없다.

22. 뚜껑 내피 닷지

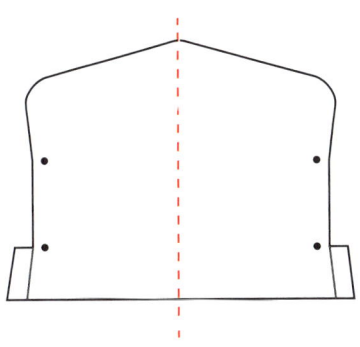

1. 가로 부분은 뚜껑 닷지 크기와 동일하다.
2. 굴려 붙이기 위해, 뚜껑이 꺾이는 곳을 기준으로 2mm씩 줄여준다. 이때 뚜껑의 폭에서 총 4mm가 줄어들게 된다.
3. 뚜껑 폭의 아랫부분은 앞판 안감 상단의 폭만큼 더해주며 가로 크기 또한 앞판 안감의 폭과 동일하게 그려준다.

21. 뒷판 보강형

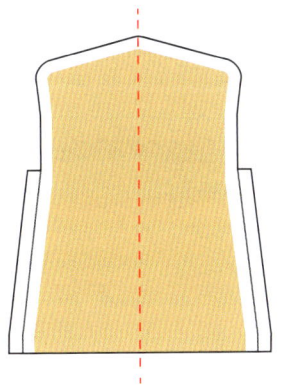

1. 닷지에서 4면 4mm씩 줄여준다.
2. 시접이 있는 부분은 시접을 제외한 후 4mm씩 줄여준다.

23. 뚜껑 내피 피가다

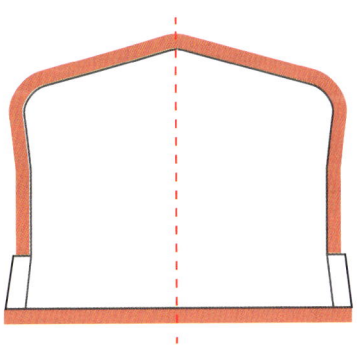

1. 닷지에서 엣지코트 마감이 되는 부분만 4mm씩 늘려준다.

   * 이때 시접이 있는 부분은 여유분을 더해줄 필요가 없다.

24. 모모

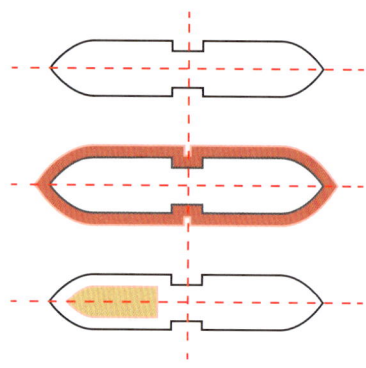

1. 닷지 : 원하는 크기와 형태로 재단해 준다.
2. 피가다 : 닷지에서 4면 4mm씩 더해준다.
3. 모리감 : 닷지에서 한 면만 4면 4mm씩 줄여준다.

26. 윗판 손잡이 닷지

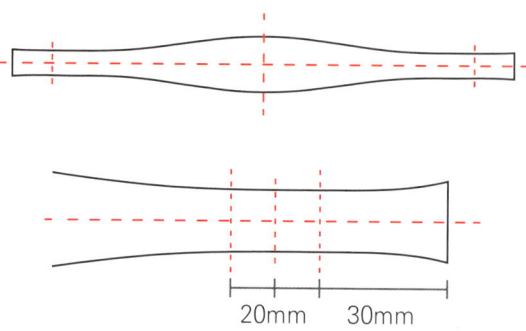

1. 밑판의 닷지를 기준으로 양쪽에 D링, 혹은 사각링에 걸기 위한 여유폭을 더해준다.
2. 링을 감싸는 부분은 20mm 길이로 더해주고 폭은 장식의 내경에 맞춰준다. 이때 20mm의 중심에 칼금을 넣어 양쪽이 대칭이 되게 만든다.
3. 손잡이 아래쪽에 겹쳐지는 부분은 30~35mm 여유분을 더해주고 2번에서 그려준 칼금을 기준으로 밑판 손잡이 닷지와 대칭이 되게 그려준다.

25. 밑판 손잡이

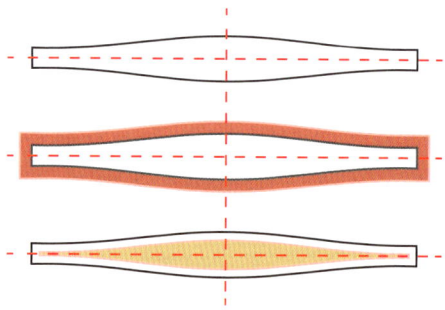

1. 닷지 : 원하는 크기와 형태로 재단해 준다.
2. 피가다 : 닷지에서 4면 4mm씩 더해준다.
3. 모리감 : 닷지에서 4면 4mm씩 줄여준다.
   * 곡면이 있을 경우, 전체 형태를 그린 후 재단해 준다.

27. 윗판 손잡이 피가다

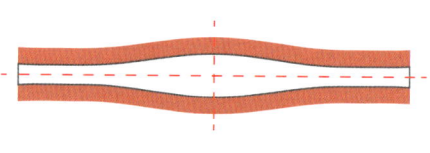

1. 손잡이 밑판에 두꺼운 모리감이 들어가는 경우가 많으므로 위, 아래에 8mm 여유분을 더해준다.
2. 손잡이 아래로 겹쳐지는 양쪽 길이는 닷지와 동일하므로 늘리지 않는다.

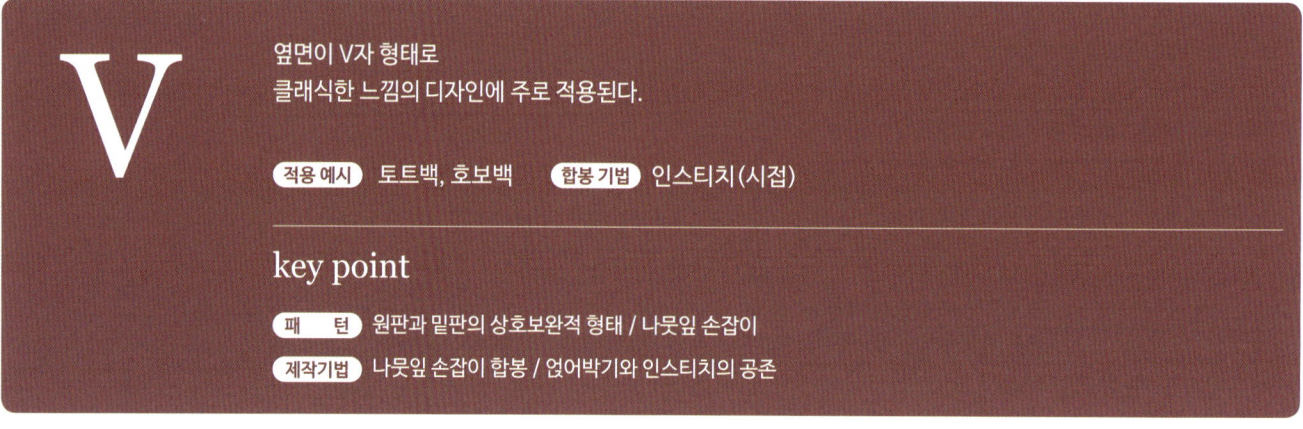

옆면이 V자 형태로
클래식한 느낌의 디자인에 주로 적용된다.

적용 예시 토트백, 호보백   **합봉 기법** 인스티치(시접)

key point

패   턴 원판과 밑판의 상호보완적 형태 / 나뭇잎 손잡이
제작기법 나뭇잎 손잡이 합봉 / 엎어박기와 인스티치의 공존

패턴 한눈에 보기   **인스티치**

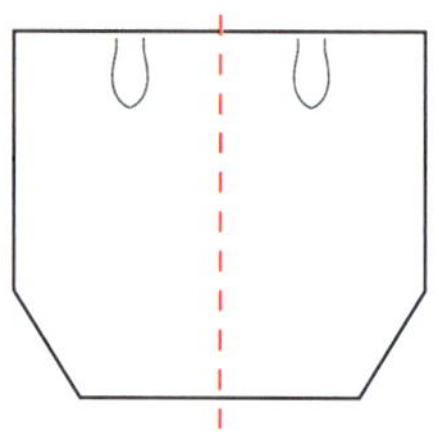

원판 기본형

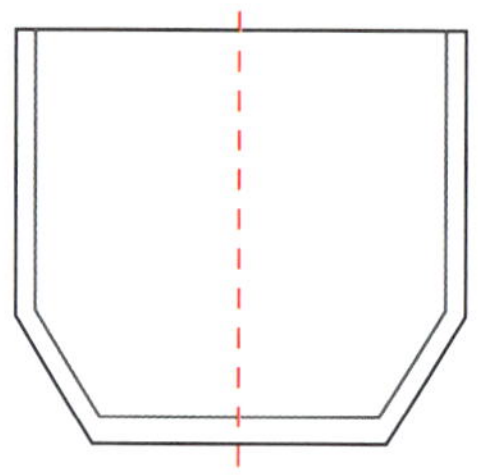

원판 닷지

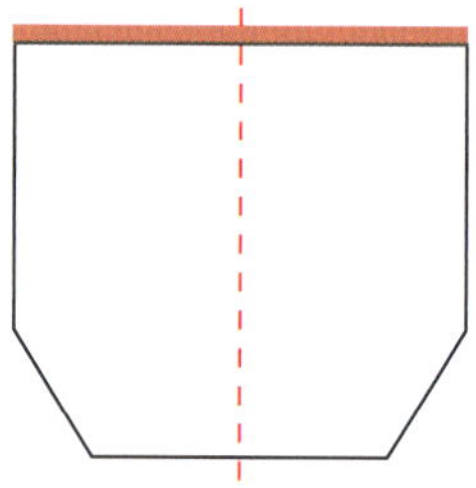

원판 피가다

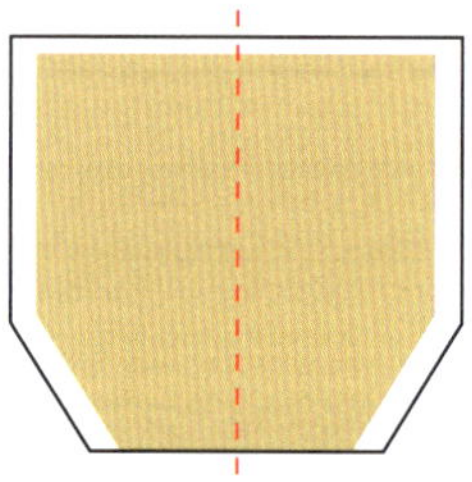

원판 보강형

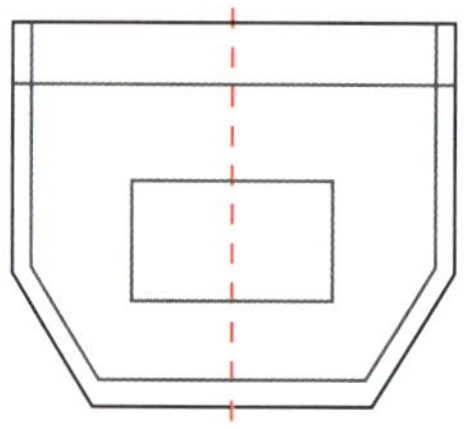

원판 안감 기본형

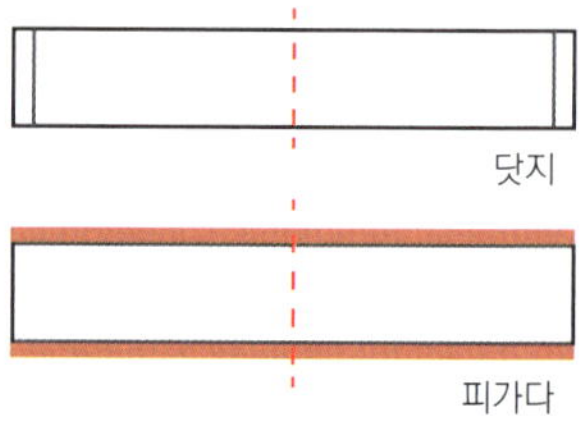

원판 안감 상단

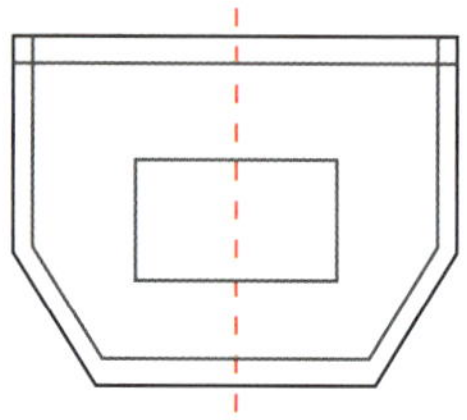

닷지

피가다

앞 뒤 안감 하단

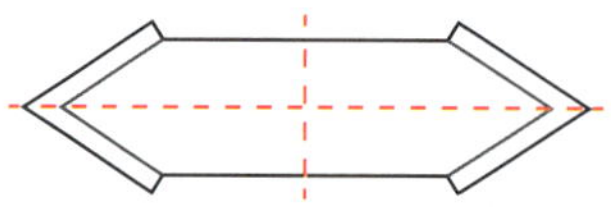

밑판 닷지

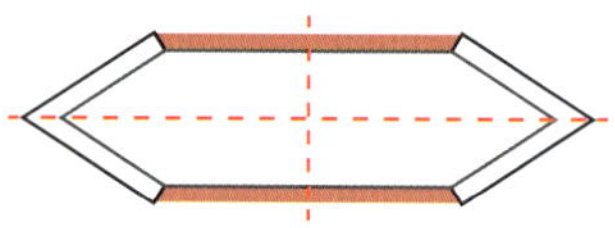

밑판 피가다

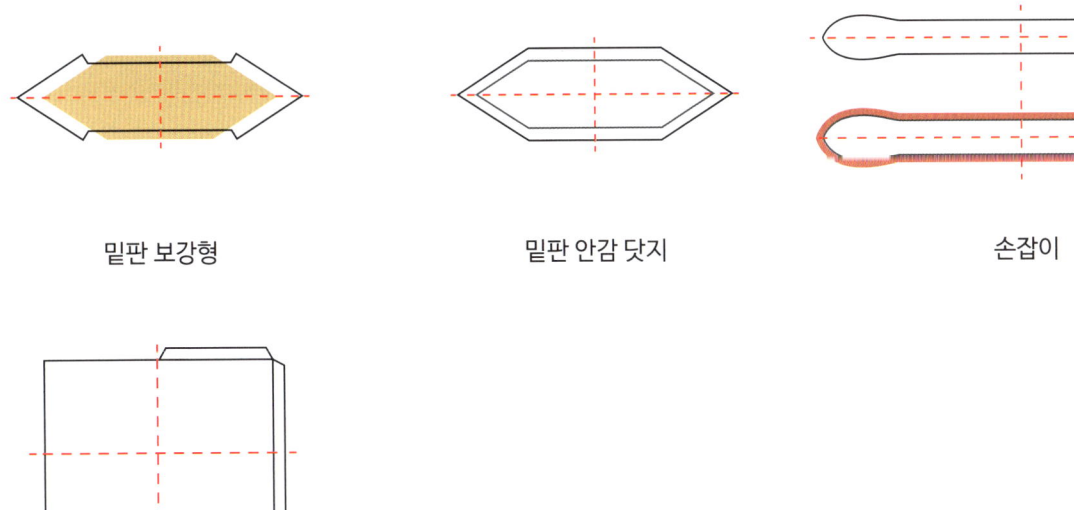

밑판 보강형   밑판 안감 닷지   손잡이

닷지

피가다

안감용 포켓 닷지

패턴 제작의 순서   인스티치

1. 스케치&디자인

1. 가로 x 높이 x 폭의 크기를 정하고 A4용지에 입체 형태를 그려준다.

2. 옆판의 폭에 따라 하단의 V자 형태에 따라 변화를 줄 수 있는 디자인적 요소가 많다.

3. 손잡이, 포켓, 스티치, 장식 등 디자인 요소를 디테일하게 계획 할수록 이쁜 가방을 만들 수 있다.

3. 원판 닷지

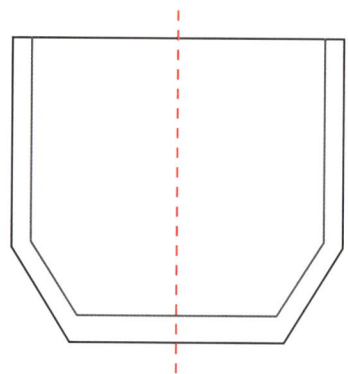

1. 기본형에서 양옆과 하단의 사선 부분에 시접 6mm를 더해준다.

2. 하단에는 밑판과 겹쳐지는 10mm 여유분을 더해준다.

2. 원판 기본형

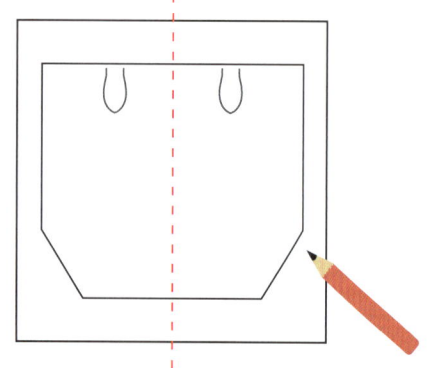

1. 디자인한 크기보다 넉넉한 종이를 준비한다.

2. (一) 일자 칼금을 넣어준다.

3. 원판 전체를 그려서 형태와 비율을 확인한 후 재단해 준다.

4. 양쪽 하단의 각도는 전체 디자인 요소 중 가장 큰 역할을 하므로 여러 번 스케치를 하고 완성된 형태처럼 종이를 세워 비율과 형태를 가늠한 후 재단해 준다.

5. 손잡이 등 디테일을 그린 후 재단해 준다 .

4. 원판 피가다

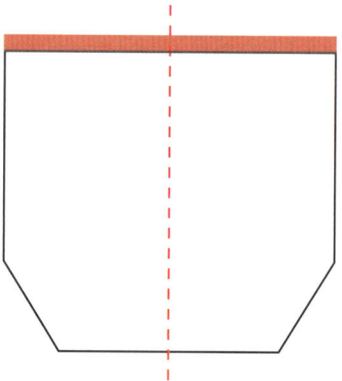

1. 원판 닷지에서 윗면만 4mm를 더해준다.

5. 원판 보강형

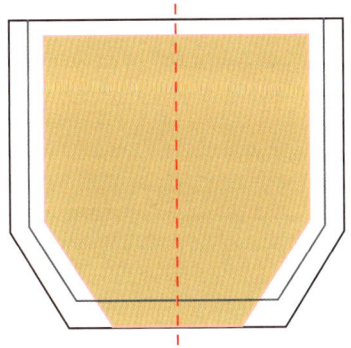

1. 닷지에서 윗면만 4mm 줄여준다.
2. 양옆은 시접을 제외한 후 4mm씩 줄여준다.

7. 원판 안감 상단

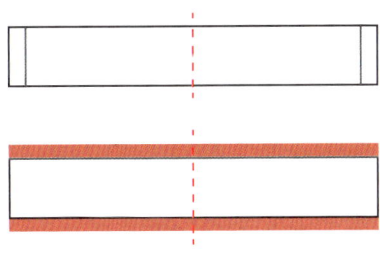

1. 가로의 길이는 안감 기본형과 동일하다.
2. 띠의 높이는 대략 30~60mm로 지정해 준다.
3. 시접 6mm 폭을 그려준다.
4. 피가다는 닷지에서 시접 부분인 양 끝을 제외하고 4mm 씩 더해준다.

6. 원판 안감 기본형

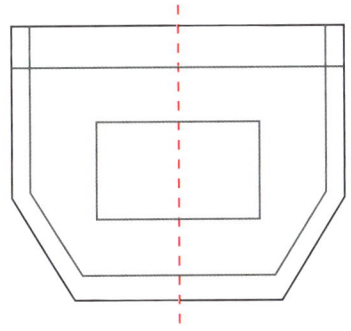

1. 기본형에서 상단을 제외한 3면을 2mm씩 줄여준다.
2. 양옆은 시접 6mm를 더해주고 밑면에는 10mm 여유분을 그려준다.

8. 앞 뒤 안감 하단

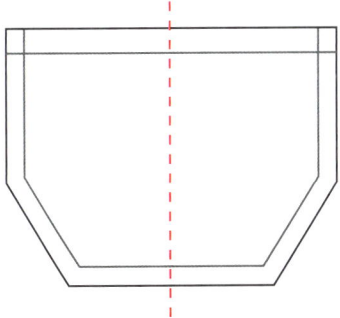

1. 기본형에 그려놓은 선 하단부에 상단 가죽띠와 겹쳐지는 10 mm 여유분을 더해준다.
2. 3면에 시접 6mm 폭과 상단 10mm 겹쳐지는 폭을 그려준다.

9. 밑판 기본형

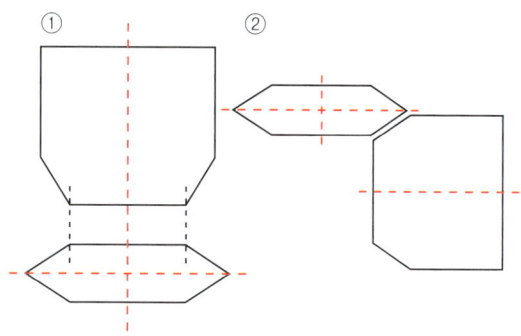

1. 원판 기본형을 기준으로 밑판의 직선 구간을 정해준다.
2. 밑판의 폭은 디자인한 크기로 그려주고 양쪽에 삼각형 모양을 붙여준다. 이때 삼각형의 각도는 그려둔 원판 하단의 각도와 일치하며 밑판을 90도 돌려 원판과 합체될 방향으로 위치시킨다. ②그림과 같이 밑판의 1/4 각도가 원판의 하단 각도와 일치하게 만들어준다.

11. 밑판 피가다

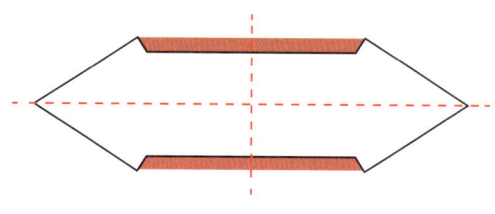

1. 닷지에서 시접이 들어가지 않은 부분만 4mm를 더해준다.

10. 밑판 닷지

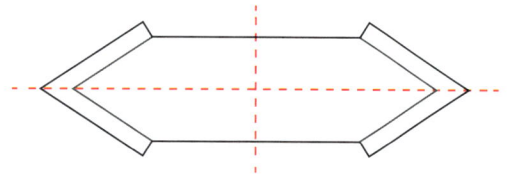

1. 밑판 닷지에서 직선 구간을 제외하고 양옆의 삼각형 부분에 6mm 시접을 더해준다.

12. 밑판 보강형

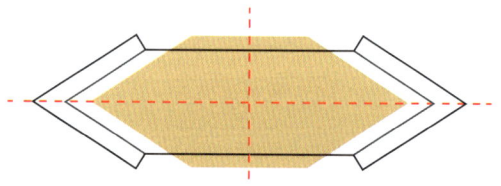

1. 위아래는 피가다와 동일한 크기로 재단해 준 후 시접 부분은 시접을 제외한 후 4mm 줄여준다.

13. 밑판 안감 닷지

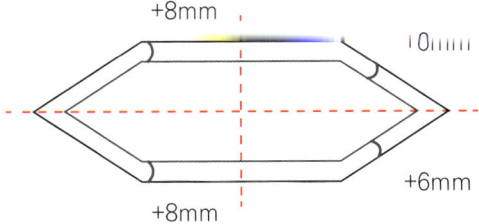

1. 원판 닷지 기준 밑판 닷지를 만들어 준 것처럼 동일한 방법의 안감 기본형을 기준으로 밑판 안감 닷지를 만들어준다.

2. 폭의 양쪽에 헤리 8mm를 더해주고 삼각형 부분에는 시접 6mm씩 더해준다.

14. 안감용 포켓 닷지

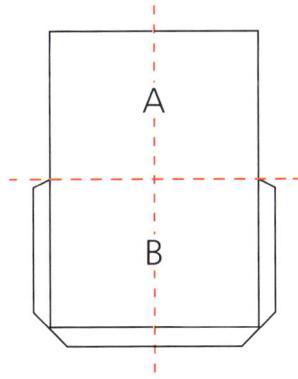

1. 원단은 가죽보다 두께가 얇아 2겹으로 만들어 줘야 하므로, 계획한 포켓의 크기보다 2배 넉넉하게 패턴지를 재단한다.

2. (+) 십자 칼금을 넣고 칼금의 위쪽(A)에 계획한 크기와 형태를 스케치한 후 칼금 아래(B) 쪽에도 똑같이 그려준다. 이때 원단을 반으로 접은 후 드러나는 단면에 보풀이 생길 수 있으므로 B의 테두리에는 헤리 마감할 수 있게 8mm씩 더해준다.

15. 손잡이

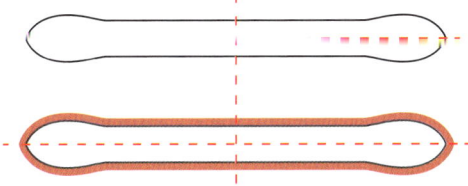

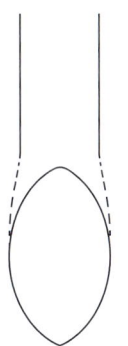

통통이	가죽두께	
	1.6	1.8
0.6	30	32
0.7	32	34
0.8	34	36
0.9	36	38
1.0	38	40

1. 기본형에 그려놓은 모모의 상단을 줄자로 이어 적당한 길이를 측정한다.

2. 손잡이에 폭은 통통이 심재의 두께와 가죽의 두께를 고려하여 정한다. 1.6mm 두께의 가죽을 사용하고 7mm 두께의 심재를 사용한 경우 32mm의 손잡이 폭으로 설정한다.

3. 측정한 길이 양쪽에 기본형에 그려놓은 모모의 모양을 붙여준다. 손잡이의 폭과 모모의 폭의 차이를 최대한 자연스럽게 이어 그려준다.

4. 피가다는 4면 4mm씩 더해준다.

 앞판의 하단이 둥글며, 위에서 내려다 봤을 때 옆판이 W자로 생긴 날개 형태를 가지고 있다.
W형만으로는 폭이 좁아 가방 쓰임새를 다 할 수 없으므로
L형 or M형을 혼합하여 가방을 디자인하는 경우가 많다.

적용 예시 클래식박스, 콘스탄스, 포쉐트매티스 등　　　**합봉 기법** 인스티치(시접)

key point

패　　턴 L형과 W형의 공존 / 안감형의 반전 / 칸막이(시까리)
제작기법 날개 합봉하기 / 칸막이(시까리) 만들기 / 5개의 옆판 합봉 순서

패턴 한눈에 보기　　　　　　　　　　　　　　　　　　　　　　　　　　　　　**인스티치**

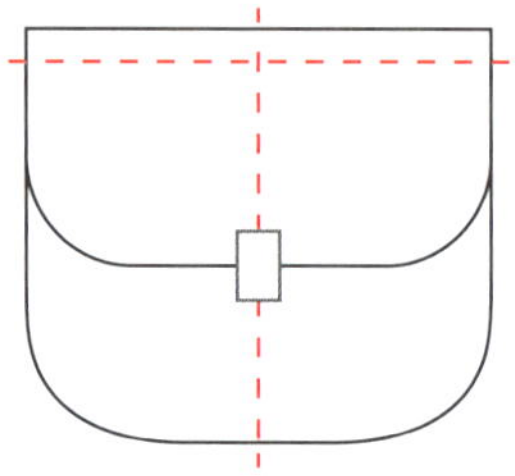

앞판 기본형

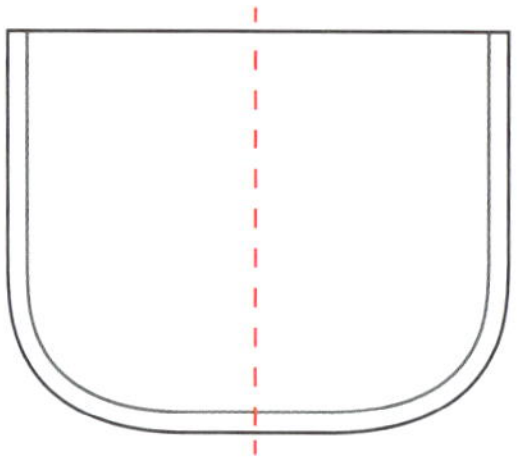

앞판 닷지

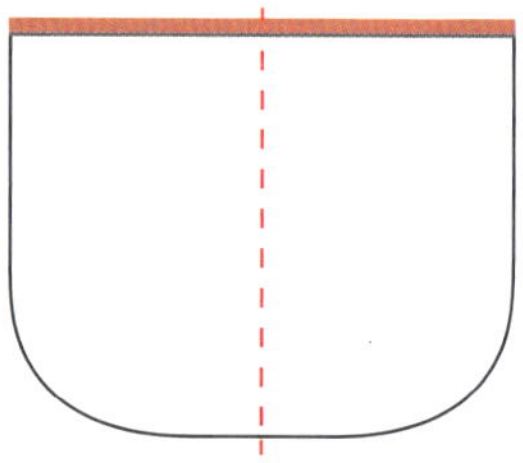

앞판 피가다

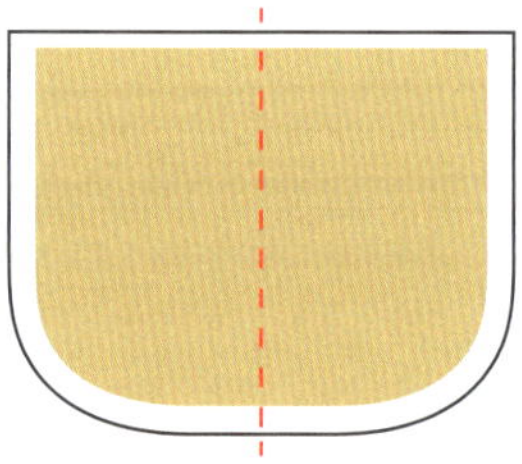

앞판 보강형

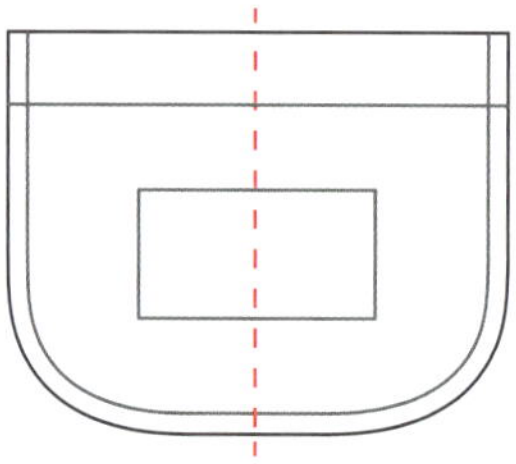

앞판 안감 기본형

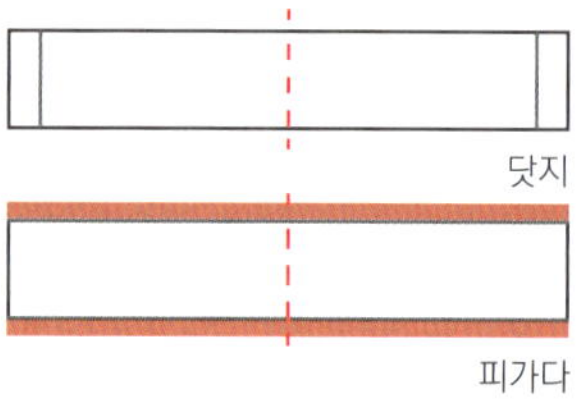

앞판 안감 상단
닷지
피가다

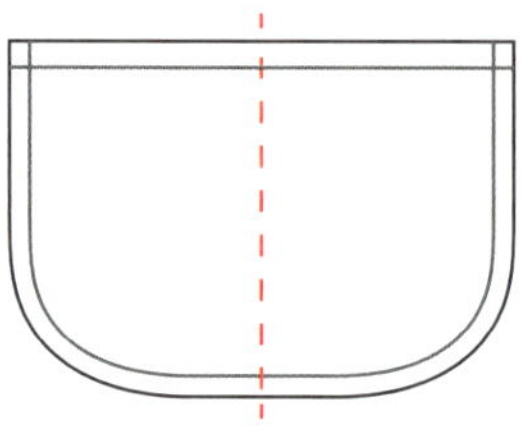

앞 뒤 안감 하단

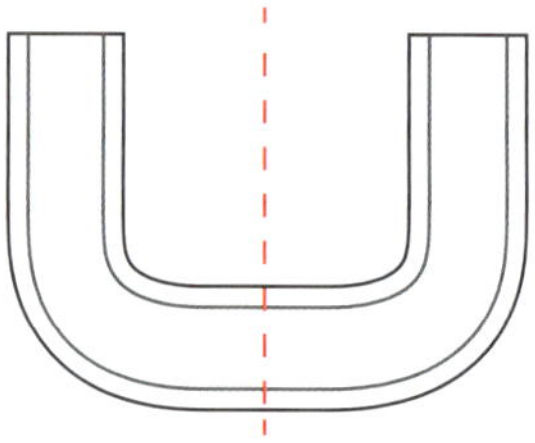

W형 날개 닷지

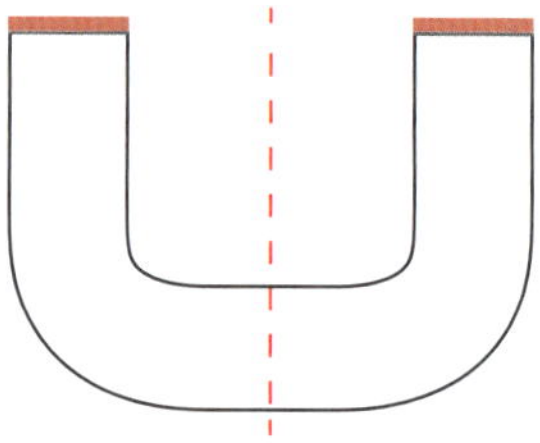

W형 날개 피가다

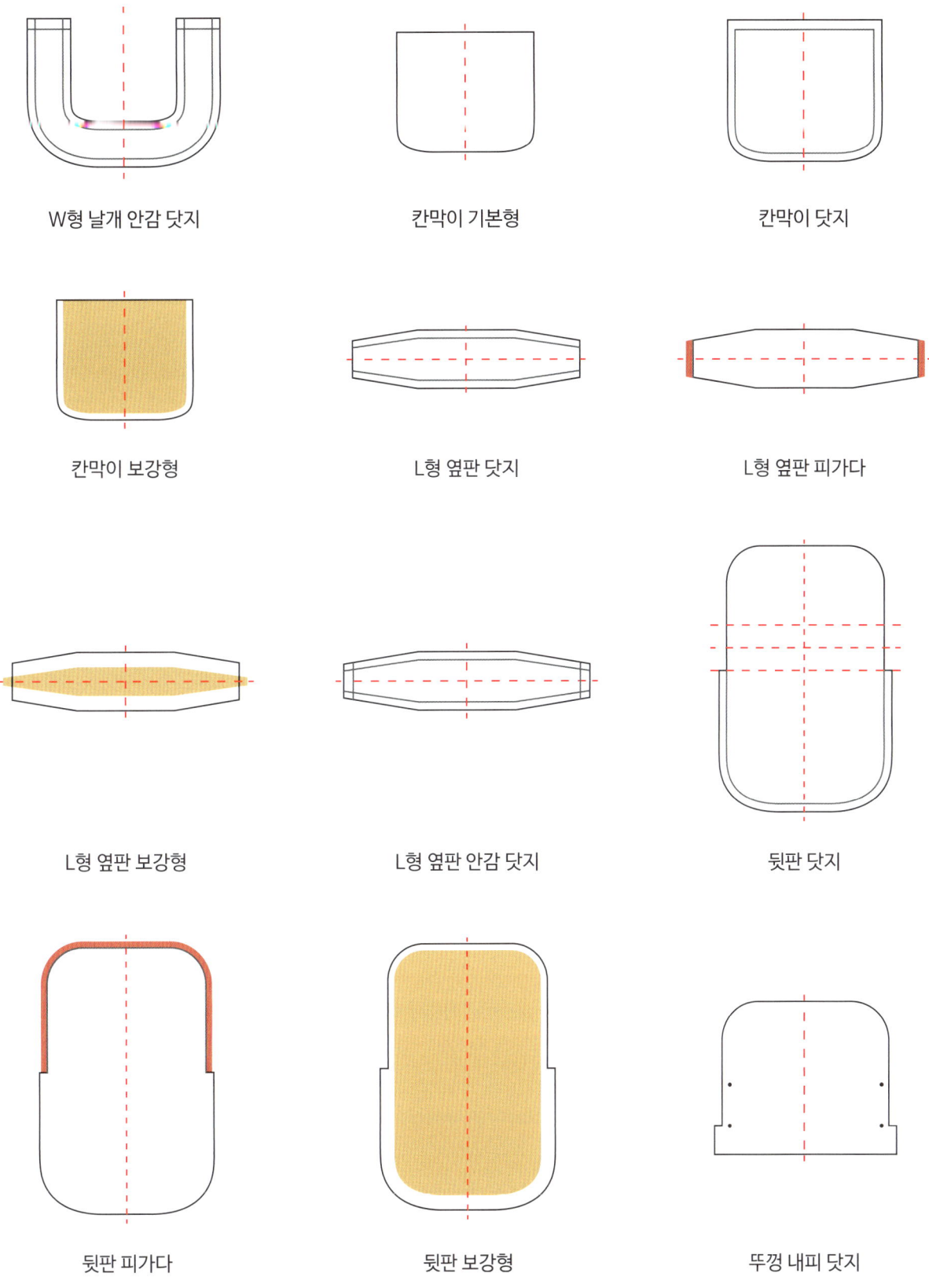

W형 날개 안감 닷지

칸막이 기본형

칸막이 닷지

칸막이 보강형

L형 옆판 닷지

L형 옆판 피가다

L형 옆판 보강형

L형 옆판 안감 닷지

뒷판 닷지

뒷판 피가다

뒷판 보강형

뚜껑 내피 닷지

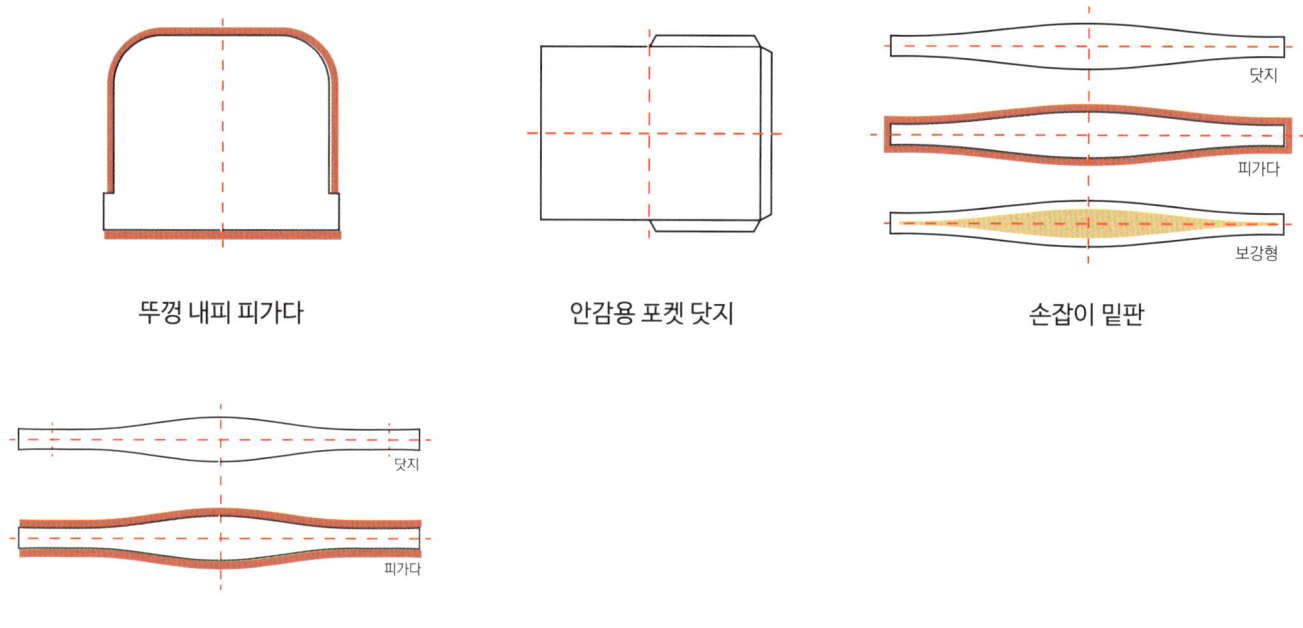

뚜껑 내피 피가다

안감용 포켓 닷지

손잡이 밑판

손잡이 윗판

패턴 제작의 순서   인스티치

1. 스케치&디자인

1. 가로 x 높이 x 폭의 크기를 정하고 A4용지에 입체 형태를 그려준다.
2. 중간 크기의 데일리 가방, 노트북이 들어가는 브리프케이스 등 수납력이 좋은 가방을 만들 수 있다.
3. 뚜껑과 원판 아래의 곡선을 디자인할 때 크기, 곡률 등이 달라야 가방의 완성도가 높아진다.
4. 뚜껑의 모양, 손잡이, 잠금 장식, 옆판의 모모 등 디자인 요소를 디테일하게 계획할수록 이쁜 가방을 만들 수 있다.

2. 앞판 기본형

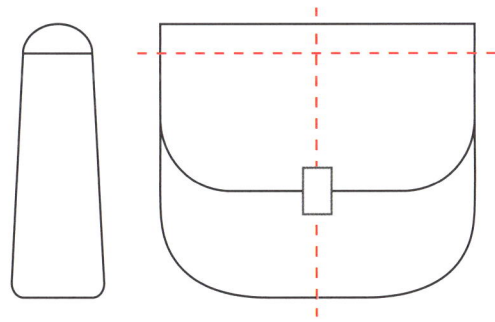

1. 디자인한 크기보다 넉넉한 종이를 준비한다.
2. (—) 일자 칼금을 넣어준다.
3. 앞판 전체를 그려서 형태와 비율을 확인한 후 재단해 준다.
4. 뚜껑, 잠금장식 등 디테일을 그려준다.

> * 기본형에서는 뚜껑이 솟아있는 부분 15mm를 더해서 디자인해준다. 완성되었을 때의 모습과 최대한 비슷한 비율로 패턴을 만들어 완성된 실물과의 오차를 줄이기 위해서다.

3. 앞판 닷지

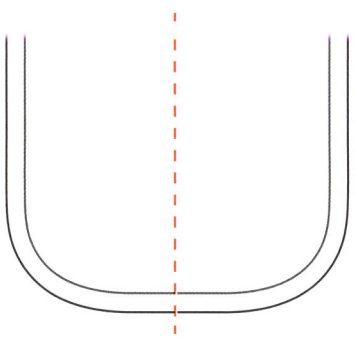

1. 기본형에서 윗면의 15mm를 줄여준다.
2. 윗면을 제외한 3면에 시접 6mm씩 더해준다.

4. 앞판 피가다

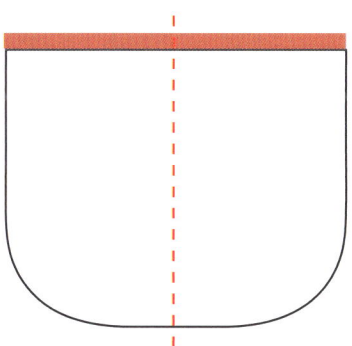

1. 원판 닷지에서 윗면만 4mm를 더해준다.

5. 앞판 보강형

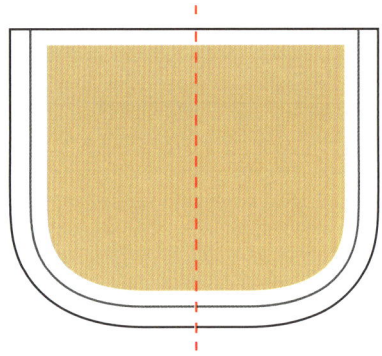

1. 닷지에서 윗면 4mm 줄여준다.
2. 나머지 3면은 시접을 제외한 후 4mm씩 줄여준다.

6. 앞판 안감 기본형

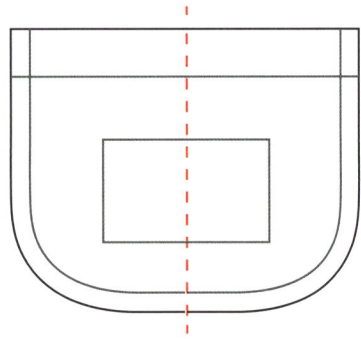

1. 앞판 닷지에서 윗면을 제외한 3면을 2mm씩 줄여준다.
2. 상단의 가죽부분과 포켓, 시접 6mm 폭을 그려준다.

7. 앞판 안감 상단

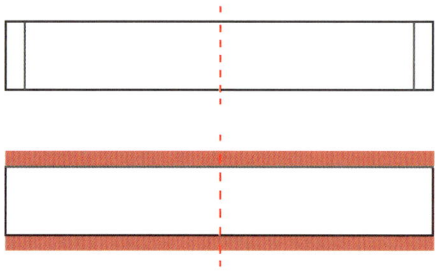

1. 가로 길이는 안감 기본형과 동일하다.
2. 띠의 높이는 대략 30~60mm로 지정해 준다.
3. 시접 6mm 폭을 그려준다.
4. 피가다는 닷지에서 시접 부분인 양 끝을 제외하고 4mm씩 더해준다.

8. 앞 뒤 안감 하단

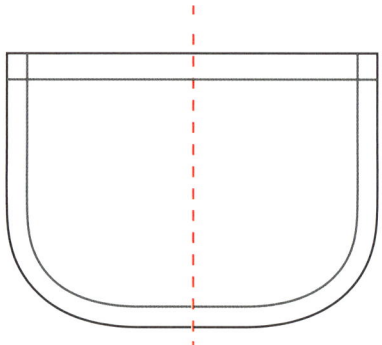

1. 기본형에 그려놓은 선의 하단부에 상단 가죽띠와 겹쳐지는 10mm 여유분을 더해준다.
2. 3면의 시접 6mm 폭과 상단 10mm 겹쳐지는 폭을 그려준다.

9. W형 날개 닷지

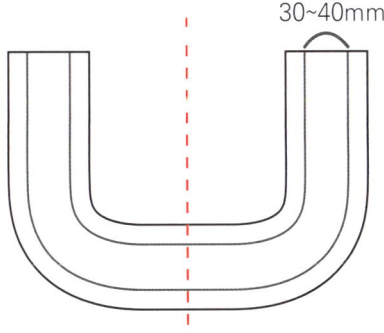

1. 원판 닷지와 같은 크기로 재단해 준다.

2. 가방 크기에 따라 날개의 폭을 30~40mm로 그려준 후 상단을 제외한 안팎의 면에 시접 6mm 더해 재단해 준다.

11. W형 날개 안감 닷지

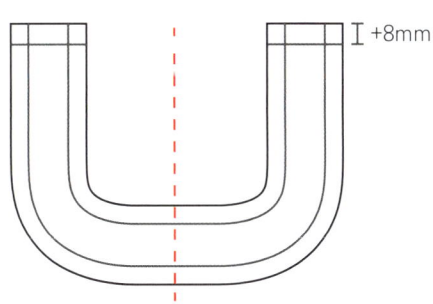

1. 날개 닷지에서 윗면을 제외한 바깥의 3면을 2mm씩 줄여준다.

2. 내부의 면에 2mm씩 더해준다.

3. 윗면에는 헤리 8mm씩 더해준다.

10. W형 날개 피가다

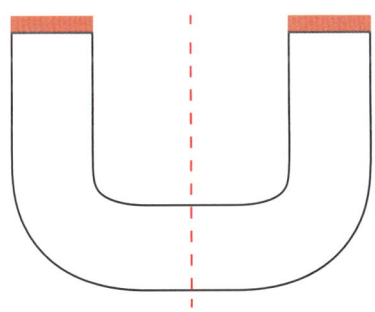

1. 닷지에서 윗면만 4mm 더해준다.

12. 칸막이 기본형

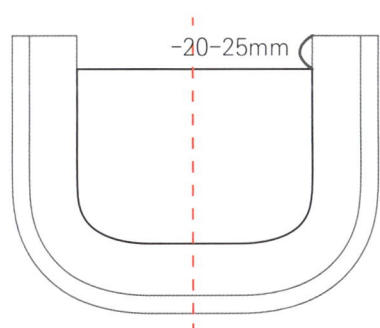

1. 날개 안감 닷지를 기준으로 그려준다.

2. 내부에서 시접 6mm를 제외한 선이 칸막이의 기본형이 된다.

3. 날개의 상단에서 20~25mm 정도를 낮추어 칸막이 높이를 정한다.

4. 상단을 이어 사각형 형태의 칸막이 기본형을 만들어준다.

13. 칸막이 닷지

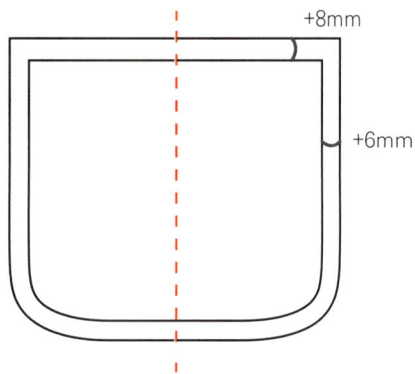

1. 기본형에서 윗면을 제외한 3면에 시접 6mm를 더해준 후 윗
   면에는 헤리 8mm를 더해준다.

14. 칸막이 보강형

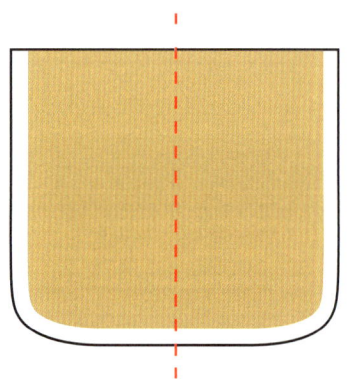

1. 기본형에서 윗면을 제외한 3면을 4mm씩 줄여준다.

15. L형 옆판 닷지

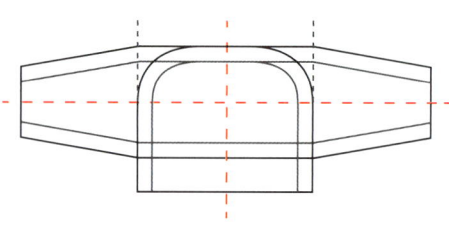

1. 앞판 닷지를 기준으로 옆판의 길이를 측정한다.

2. 앞판을 굴려 대략적인 길이와 폭으로 옆판을 설정한 후, 옆판
   의 하단보다 상단의 폭이 좁아지도록 그려준다. 앞판 하단의
   곡선이 끝나는 지점부터 옆판의 폭이 좁아지기 시작한다.

3. 옆판의 폭에 앞판과 뒷판이 합봉 될 수 있도록 6mm를 더해준다.

4. 앞판의 중앙이 옆판의 중앙에 겹쳐진 상태에서 앞판의 길이
   를 구하기 시작한다.

5. 앞판과 옆판을 합체할 때, 시접 6mm 안쪽에서 바느질 되므
   로 앞판과 옆판의 엣지가 딱 맞물리도록 앞판 둘레의 1/2 길
   이를 측정한다.

6. 3회 굴려서 나온 길이의 평균값으로 옆판 길이를 정한다.

16. L형 옆판 피가다

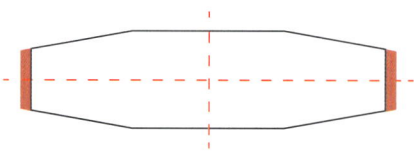

1. 닷지에서 시접을 제외한 2면에 4mm씩 더해준다.

17. L형 옆판 보강형

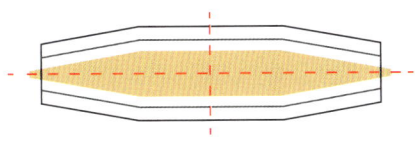

1. 옆판의 상단이 되는 2면을 닷지 기준 4mm씩 더해준다.
2. 날개와 결합되는 2면을 닷지 기준 10mm씩 줄여준다.

18. L형 옆판 안감 닷지

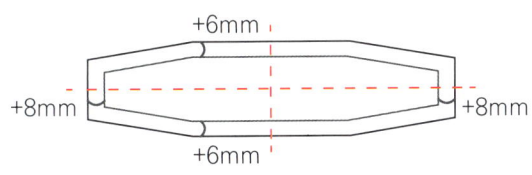

1. 앞판 안감 기본형으로 옆판 안감 길이를 측정한다.
2. L형 옆판 닷지 기준으로 폭을 2mm씩 줄여준다.
3. 옆판 닷지를 만들었던 동일한 방법으로 길이를 측정한 후, 상단에 헤리 8mm씩 더해준다.

19. 뒷판 닷지

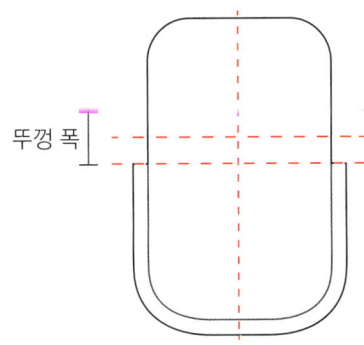

1. 옆판 상단에서 뚜껑의 높이가 15mm 정도 여유를 두고 굴러 갈 수 있도록 옆판의 폭을 기준으로 줄자를 이용해 뚜껑의 폭을 계산해 준다.
2. 앞판 닷지에 뚜껑폭을 더하고 기본형에 그려놓은 뚜껑을 그대로 붙여준다.
3. 넉넉한 크기의 종이에 세로로 칼금을 한 줄 넣고, 앞판의 상단, 뚜껑의 폭 중앙, 뚜껑이 시작되는 부분에 가로로 칼금 3줄을 그어준 후 앞판+뚜껑폭+뚜껑을 스케치하고 재단해 준다.

20. 뒷판 피가다

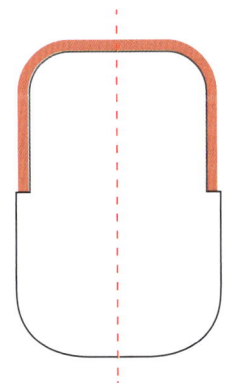

1. 닷지에서 엣지코트 마감이 되는 부분만 4mm씩 늘려준다.

21. 뒷판 보강형

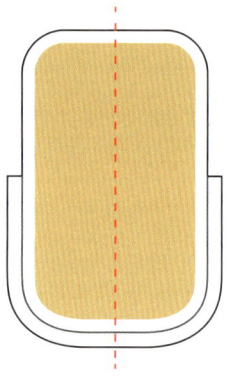

1. 닷지에서 4면 4mm씩 줄여준다.
2. 시접이 있는 부분은 시접을 제외한 후 4mm씩 줄여준다.

23. 뚜껑 내피 피가다

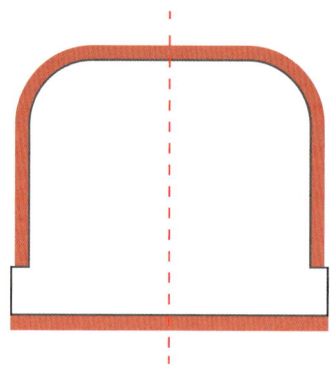

1. 닷지에서 엣지코트 마감이 되는 부분만 4mm씩 늘려준다.

22. 뚜껑 내피 닷지

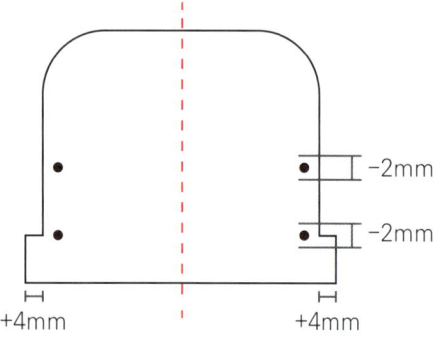

1. 가로 부분은 뚜껑 닷지 크기와 동일하다.
2. 굴려 붙이기 위해, 뚜껑이 꺾이는 곳을 기준으로 2mm씩 줄여준다. 이때 뚜껑의 폭에서 총 4mm가 줄어들게 된다.
3. 뚜껑 폭의 아랫부분은 앞판 안감 상단의 폭만큼 더해주며 가로 크기 또한 앞판 안감의 폭과 동일하게 그려준다.

24. 안감용 포켓 닷지

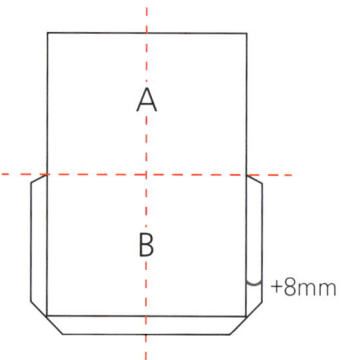

1. 원단은 가죽보다 두께가 얇아 2겹으로 만들어 줘야 하므로, 계획한 포켓의 크기보다 2배 넉넉하게 패턴지를 재단한다.
2. (+) 십자 칼금을 넣고 칼금의 위쪽(A)에 계획한 크기와 형태를 스케치한 후 칼금 아래(B) 쪽에도 똑같이 그려준다. 이때 원단을 반으로 접은 후 드러나는 단면에 보풀이 생길 수 있으므로 B의 테두리에는 헤리 마감할 수 있게 8mm씩 더해준다.

25. 손잡이 밑판

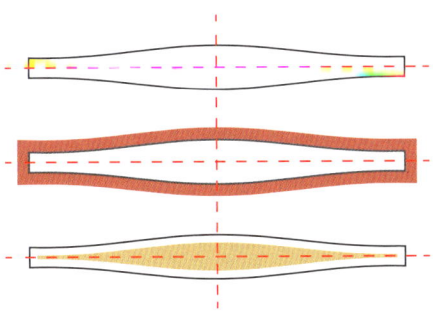

1. 닷지 : 원하는 크기와 형태로 재단해 준다.
2. 피가다 : 닷지에서 4면 4mm씩 더해준다.
3. 모리감 : 닷지에서 4면 4mm씩 줄여준다.
   * 곡면이 있을 경우, 전체 형태를 그린 후 재단해 준다.

26. 손잡이 윗판 닷지

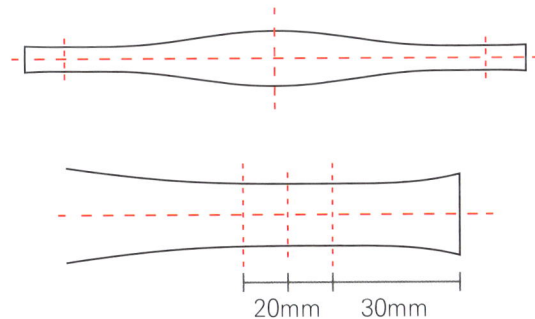

20mm   30mm

1. 밑판의 닷지를 기준으로 양쪽에 D링, 혹은 사각링에 걸기 위한 여유폭을 더해준다.
2. 링을 감싸는 부분은 20mm 길이로 더해주고 폭은 장식의 내경에 맞춰준다. 이때 20mm의 중심에 칼금을 넣어 양쪽이 대칭이 되게 만든다.
3. 손잡이 아래쪽에 겹쳐지는 부분은 30~35mm 여유분을 더해주고 2번에서 그려준 칼금을 기준으로 밑판 손잡이 닷지와 대칭이 되게 그려준다.

27. 손잡이 윗판 피가다

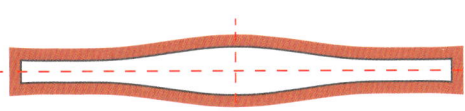

1. 손잡이 밑판에 두꺼운 모리감이 들어가는 경우가 많으므로 위, 아래에 8mm 여유분을 더해준다.
2. 손잡이 아래로 겹쳐지는 양쪽 길이는 닷지와 동일하므로 늘리지 않는다.

28. 모모

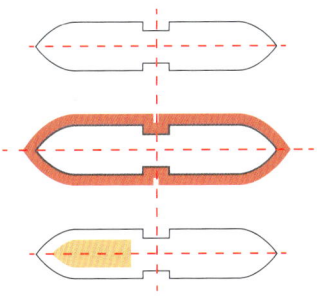

1. 닷지 : 원하는 크기와 형태로 재단해 준다.
2. 피가다 : 닷지에서 4면 4mm씩 더해준다.
3. 모리감 : 닷지에서 한 면만 4면 4mm씩 줄여준다.

S

앞판 상단과 옆판의 하단이 둥근 형태를 가지고 있다.
주로 여행용 가방의 크기가 큰 형태에 적용된다.
부드러운 곡선과 함께 세련된 스타일을 연출할 수 있다.

적용 예시 토트백, 러기지백, 골프백   **합봉 기법** 인스티치(시접), 엎어박기

key point

패   턴 앞판 상단이 둥근 기본형 / 옆판 하단이 둥근 기본형 / 옆판+상단+옆판 일체형 패턴

패턴 한눈에 보기   인스티치

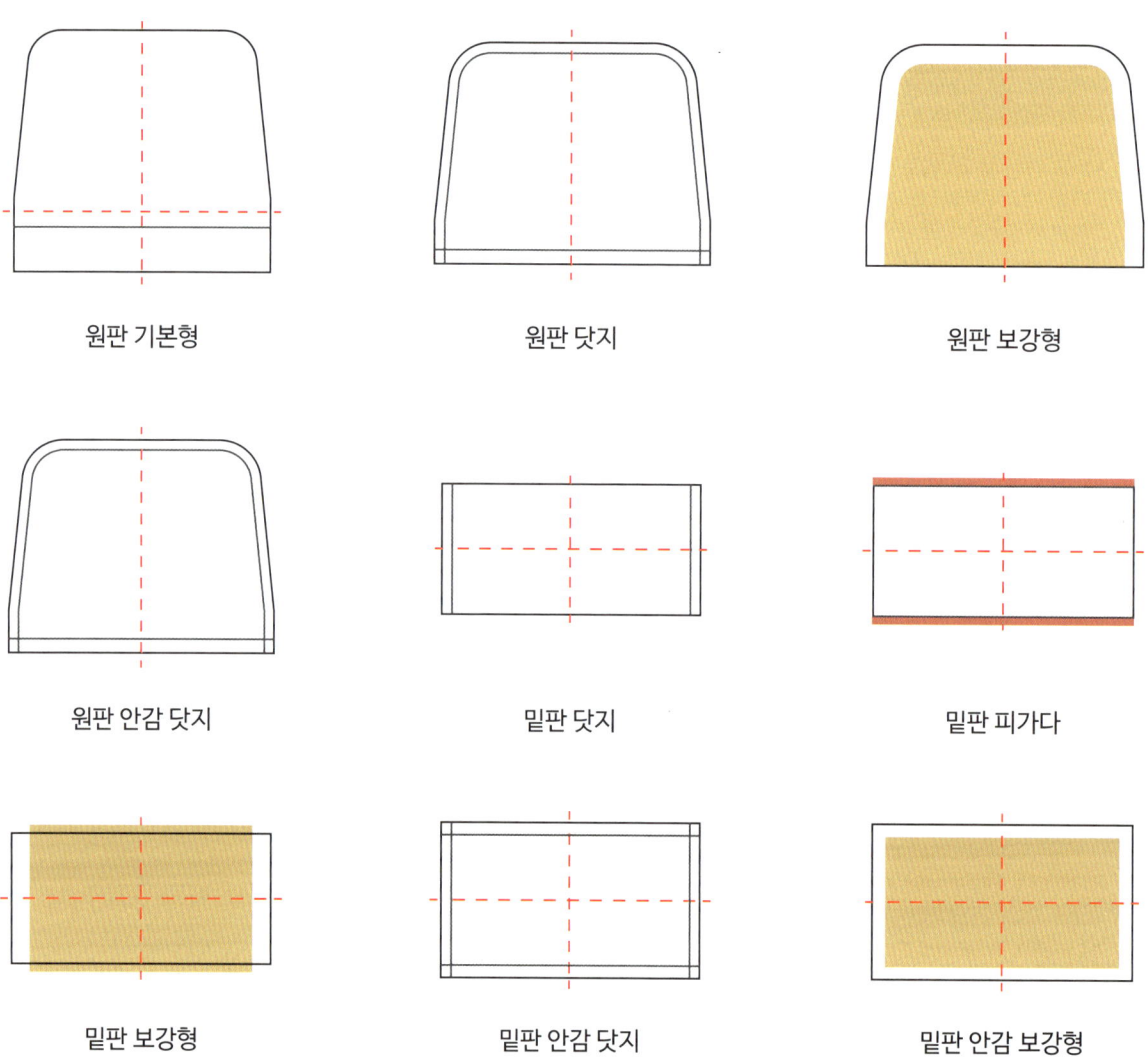

원판 기본형   원판 닷지   원판 보강형

원판 안감 닷지   밑판 닷지   밑판 피가다

밑판 보강형   밑판 안감 닷지   밑판 안감 보강형

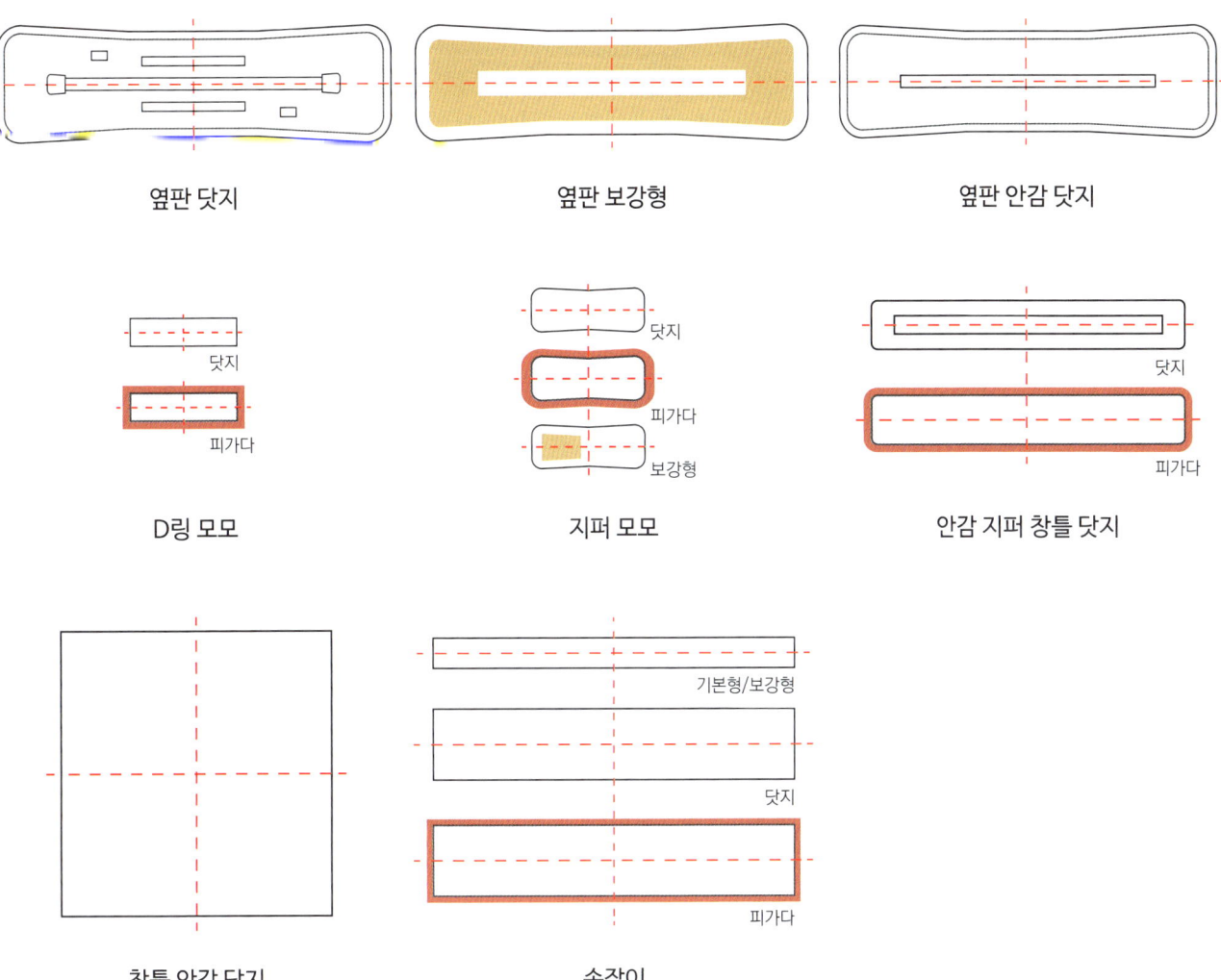

옆판 닷지　　　　　　　옆판 보강형　　　　　　　옆판 안감 닷지

D링 모모　　　　　　　지퍼 모모　　　　　　　안감 지퍼 창틀 닷지

창틀 안감 닷지　　　　　　　손잡이

패턴 제작의 순서

인스티치

1. 스케치 & 디자인

1. 가로 x 높이 x 폭의 크기를 정하고 A4용지에 입체형태를 그려준다.
2. 작은 크기의 데일리 백부터 큰 여행용 러기지백까지 다양한 크기의 가방을 구현할 수 있다.
3. 앞판의 하단보다 상단이 줄어든 사다리꼴 형태로 디자인하면 안정감을 높일 수 있다.
4. 옆판 또한 하단보다 상단의 폭을 줄여 디자인하면 안정감을 높일 수 있다.
5. 앞판 상단과 옆판 하단의 곡률, 손잡이의 모양, 모모, 스티치 등 디자인 요소를 디테일하게 계획할수록 이쁜 가방을 만들 수 있다.

2. 원판 기본형

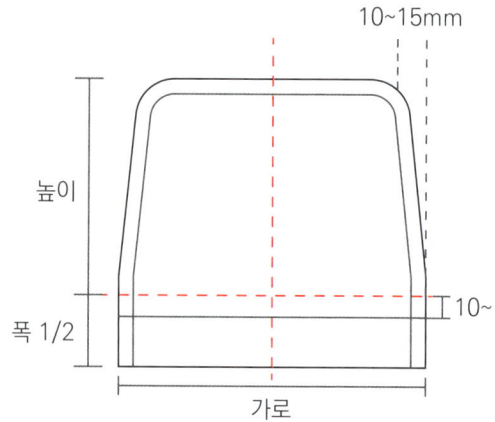

1. 원판과 밑판의 1/2이 연결된 기본형 패턴을 만든다. 종이를 세워 완성되었을 때 가방의 크기와 형태, 비율을 가늠하는 가샘플의 역할을 한다.
2. 디자인한 가로 크기를 그대로 적용한다.
3. 폭의 1/2 + 높이를 더해 총 세로 길이를 정한다. 중앙에 세로로 칼금을 넣어주고 높이와 폭의 1/2 사이에 가로로 칼금을 넣어준다.
4. 앞판의 가로 길이보다 상단의 가로 길이를 10~15mm 정도씩 줄여주면 보다 안정적인 형태로 가방을 만들 수 있다. 밑판이 끝나는 10mm 위부터 양면이 줄어들기 시작하는데 이는 앞판과 옆판이 합봉될 때를 고려한 것으로 옆판의 곡선이 끝난 지점부터 앞판을 사다리꼴로 만들어준다.
5. 가로로 그어준 칼금의 10~15mm 아래에 밑판의 시작선을 그려준다. 이때 옆판 하단의 곡률에 따라 밑판의 폭을 정해준다.
6. 앞판 상단의 양쪽에 원하는 형태의 곡선을 그려 윗면과 옆면을 이어준다. 이때 요철이 생기지 않도록 자연스러운 곡선을 만들어준다.
7. 밑면을 제외한 3면에 시접 6mm씩 더해준다.

3. 원판 닷지

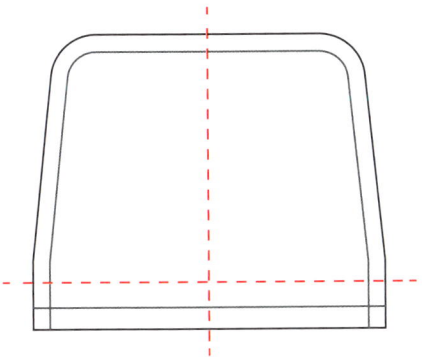

1. 기본형 기준으로 원판을 그려준다.
2. 기본형에서 밑판의 폭을 제외한 부분이 원판이 된다.
3. 하단에는 밑판과 겹쳐지는 10mm 여유분을 더해준다.

4. 원판 보강형

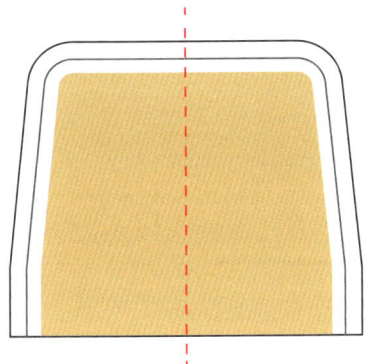

1. 닷지에서 밑면을 제외한 3면에 시접을 제외한 후 4mm씩 줄여준다.

5. 원판 안감 닷지

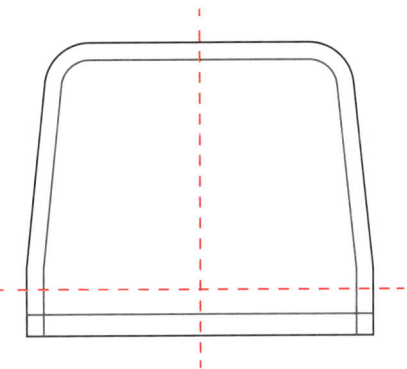

1. 원판 닷지에서 밑면을 제외한 3면을 2mm씩 줄여주고 시접 6mm를 그려준다.
2. 하단에는 밑판과 겹쳐지는 10mm 여유분을 더해준다.

6. 밑판 닷지

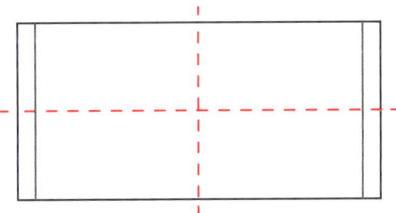

1. 기본형에 그려둔 스케치를 기준으로 밑판을 만들어준다.
2. 기본형에서 칼금 아래에 그려둔 선의 하단이 밑판의 1/2이므로 그보다 2배가 되는 크기의 밑판을 (+) 십자 패턴으로 만들어준다.

   * 디자인할 때 정한 폭의 크기는 전체 가방의 크기이며, 밑판의 폭은 그보다 작아진다.

7. 밑판 피가다

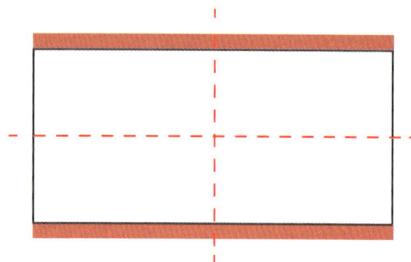

1. 닷지에서 위아래 4mm씩 더해준다.

9. 밑판 안감 닷지

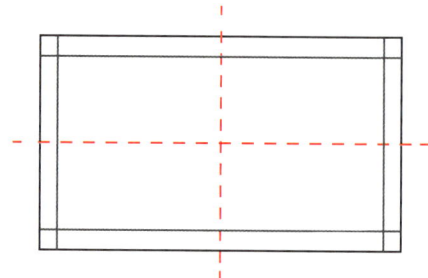

1. 밑판 닷지에서 위아래 헤리 8mm씩 더해준다.

2. 양옆은 밑판 닷지에서 2mm씩 줄여주고 시접 6mm를 그려
   준다.

8. 밑판 보강형

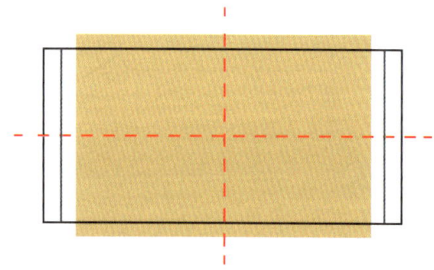

1. 폭은 피가다의 폭과 동일하다.
2. 양옆은 시접 제외 후 4mm씩 줄여준다.

10. 밑판 안감 보강형

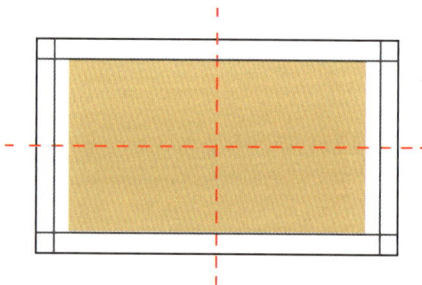

1. 안감 밑판 닷지에서 위아래 헤리 8mm를 줄여준다.
2. 양옆은 시접을 제외한 후 4mm씩 줄여준다.

11. 옆판 닷지

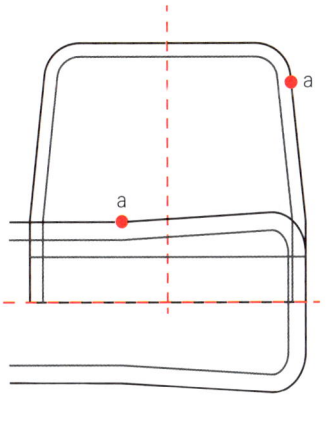

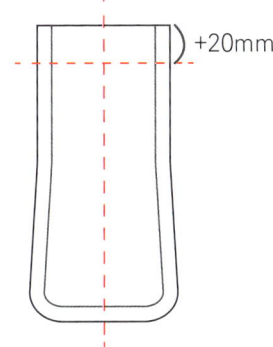

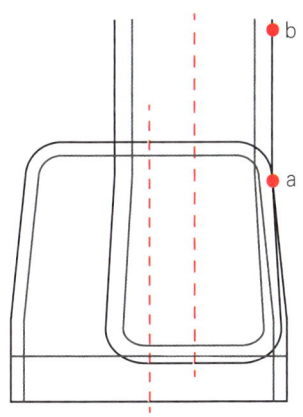

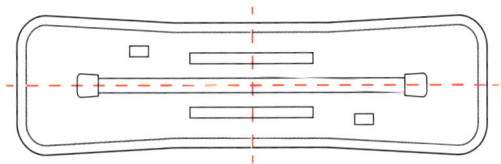

1. U형의 옆판을 만들 때와 기본 원리는 같다. 단, 옆판 하단과 앞판의 상단이 각각 곡선으로 이루어져 있으므로 두 번에 걸쳐 옆판의 길이를 측정해 주어야 한다.

2. 원판 기본형의 옆면에서 곡선이 시작되기 전에 임의의 점 a를 찍어준다.

3. 원판 기본형을 기준으로 옆판의 길이를 측정한다. 옆판의 1/2만 먼저 만들어줄 것이므로 원판 기본형의 옆면에서부터 윗면 1/2 길이를 대략적으로 측정한 다음 20mm 정도의 여유를 더해준다. 옆판 하단의 폭보다 상단의 폭을 5~10mm 줄여주면 보다 안정적인 형태로 가방을 만들 수 있다. 이때 만들어 주는 옆판의 형태는 전체 가방 형태에서 중요한 디자인적 요소이므로 충분한 시간을 들여 만들어준다. 상단을 제외한 3면에 시접 6mm를 더해준다.

4. 옆판을 원판 기본형 상단에 올린 후, 옆판의 중심이 기본형의 하단과 겹쳐지도록 만든 상태에서 길이를 재기 시작한다. 옆판의 6mm 안쪽이 축이 되어 옆판의 엣지와 기본형의 엣지가 딱 맞물리도록 굴려 점 a까지 측정한다.

5. 원판 기본형을 옆판 상단에 올려 원판 기본형 상단의 곡선 길이를 측정한다. a지점이 겹쳐지도록 만든 상태에서 길이를 재기 시작한다. 기본형의 6mm 안쪽이 축이 되어 기본형의 엣지와 옆판의 엣지가 딱 맞물리도록 굴려 원판 기본형의 중심까지 굴려준다. 중심의 위치를 옆판 위에 찍어 점 b를 만들어준다.

6. 3회 굴려서 나온 길이의 평균값으로 옆판 1/2의 패턴을 만든다. 이 패턴을 이어 2배로 만들어주면 옆판의 완성형을 얻을 수 있다.

7. 옆판에 표시해야 할 지퍼 창, 손잡이, 모모, 스티치 등 다지인 요소를 그려준다.

12. 옆판 보강형

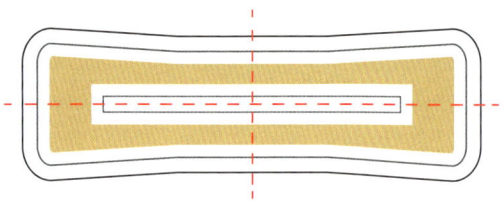

1. 옆판 닷지에서 시접을 제외한 후 4mm씩 줄여준다.
2. 지퍼 창을 기준으로 4mm씩 더 크게 파준다.

13. 옆판 안감 닷지

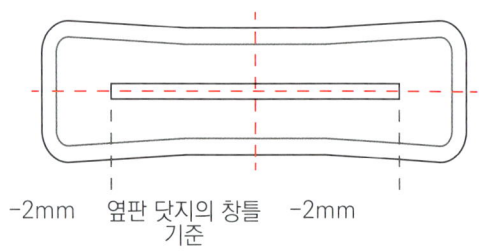

1. 옆판 닷지의 길이를 구할 때와 동일한 방법으로, 앞판 안감을 기준으로 옆판 안감 길이를 측정한다.
2. 옆판 닷지의 폭보다 2mm씩 줄여준다.
3. 앞판과 옆판이 합봉될 때 앞판 상단의 곡선을 기준으로 옆판이 ㄷ자로 두번 꺾이게 된다. 꺾이는 지점에서 지퍼창의 길이를 옆판 닷지의 창틀 기준 2mm씩 줄여준다.

14. 안감 지퍼 창틀

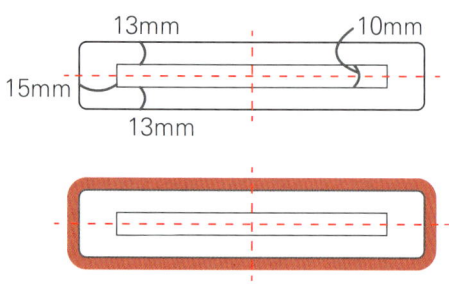

1. 닷지 : 안감에 그려 넣은 크기를 그대로 적용하여 재단해 준다. 3호 지퍼의 경우 10mm 폭으로 창을 만들어주며 창틀의 두께는 위아래 13mm, 양옆 15mm로 만들어주면 안정적인 형태를 얻을 수 있다.
2. 피가다 : 닷지에서 4면 4mm씩 더해준다.

15. 창틀 안감 닷지

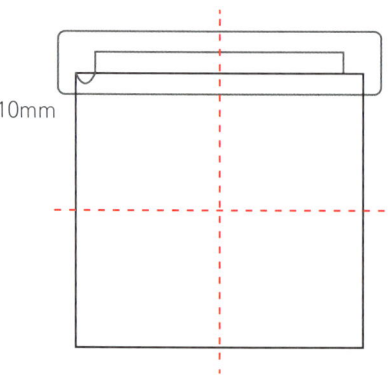

1. 가로 : 지퍼창의 가로 길이에서 양옆 10mm씩 더해준다.
2. 세로 : 원하는 깊이에 2배로 재단해 준다.

16. 손잡이

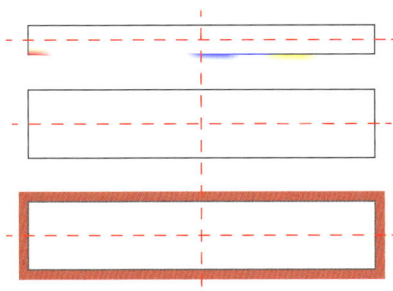

1. 원하는 길이와 폭을 측정한 후 기본형을 만든다. 기본형은 이후에 보강형으로 사용된다.
2. 닷지 : 닷지는 기본형을 감싸는 형태로 만들어준다. 기본형의 폭에 2mm를 더해준 후 2배의 크기로 만들어준다.
3. 피가다 : 닷지에서 4면 4mm씩 더해준다.

17. D링 모모

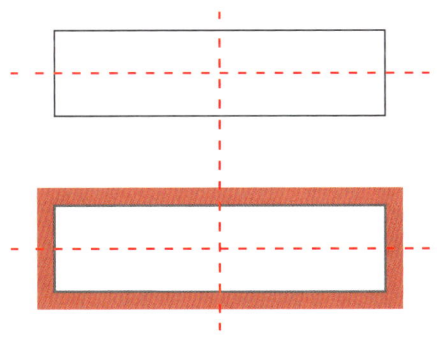

1. 닷지 : 원하는 크기와 형태로 재단해 준다.
2. 피가다 : 닷지에서 4면 4mm씩 더해준다.

18. 지퍼 모모

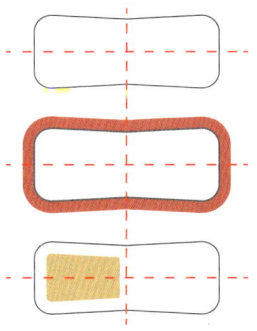

1. 닷지 : 원하는 크기와 형태로 재단해 준다.
2. 피가다 : 닷지에서 4면 4mm씩 더해준다.
3. 모리감 : 닷지에서 한 면만 4면 4mm씩 줄여준다.

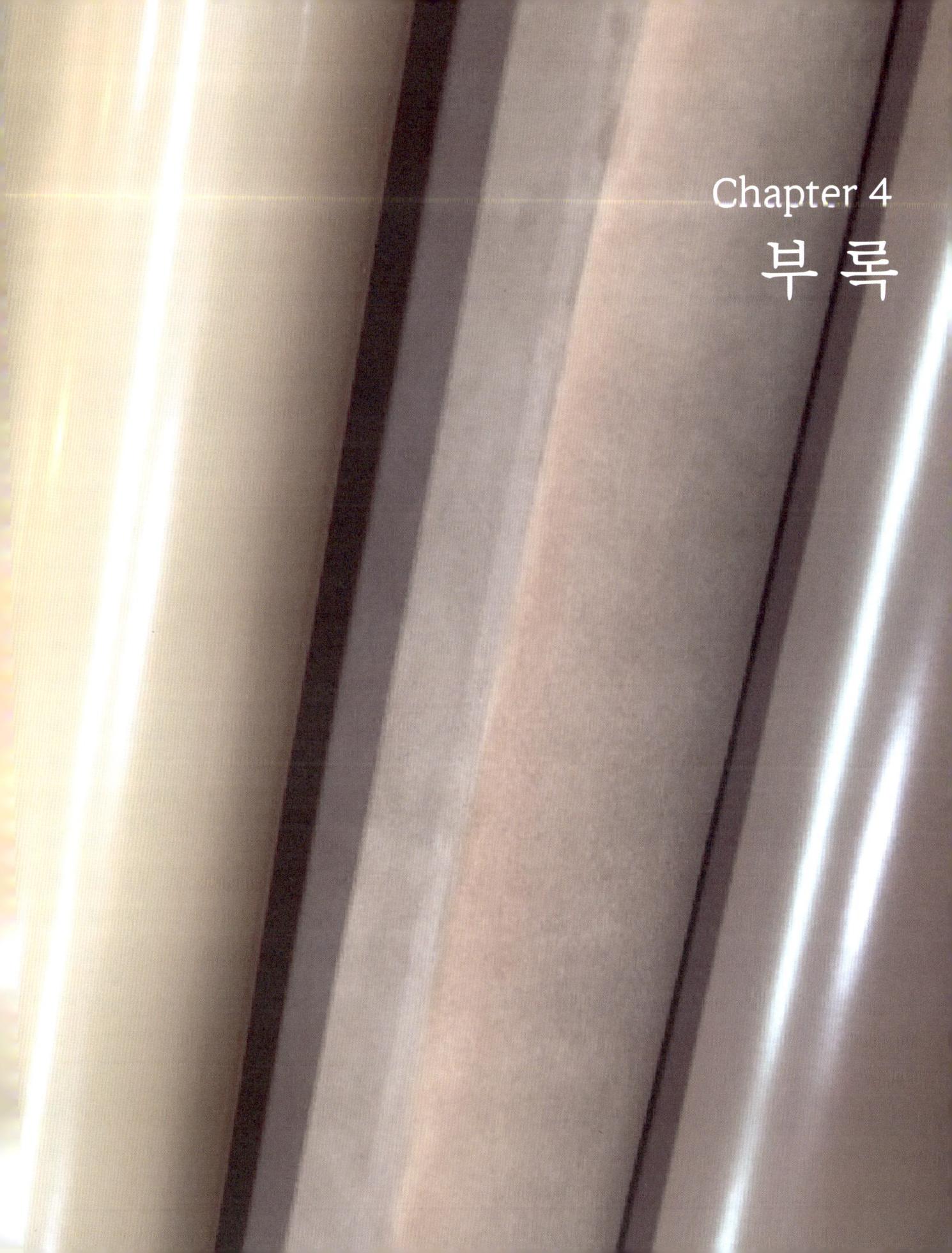

Chapter 4
부록

4 | 부록

가죽이라는 재료가 자연에서 만들어 사람의 손에 거쳐 가공이 되다 보니 같은 테너리에서 같은 공법으로 만들어진 가죽이라 하더라도 각각의 가죽마다 고유한 고시감과 특징이 있으며 가죽이 만들어진 환경에 따라 컬러와 광택이 조금씩 달라지게 됩니다. 이런 이유로 가죽에 관한 정보나 노하우를 책 한 권에 담기에는 그 내용이 방대하고 또 가죽에 고시감과 광택은 촉감과 시각, 오감을 통해 느껴야 하는 것이다 보니 글을 통해 내용을 전달하는 것이 까다롭지 않았나 하는 생각이 들더군요. 디자인이 훌륭하다고 해도 그 형태와 사이즈에 어울리는 가죽을 선택하고 재단의 방향, 두께를 잘 맞추어 제작해야 보다 그 디자인을 돋보이게 제작할 수 있답니다. 되도록 다양한 가죽을 만져보고 여러 가지 작품을 많이 만들어보는 것이 배우는데 가장 좋은 방법이지요. 가죽의 결과 재단의 방향에 대한 이론을 익힌 후 실전에 들어간다면 보다 나은 결과물을 얻을 수 있을거에요.

1. 가죽

디자인의 계획을 완전히 세운 후, 패턴을 뜨기 시작하는 것이 좋습니다. 큰 형태의 안정감을 토대로 원판을 만들고 그에 파생되는 옆판과 뚜껑, 그리고 작은 패치의 디자인을 순서대로 만드는 것을 기준으로 합니다.

01. 가죽의 부위와 결

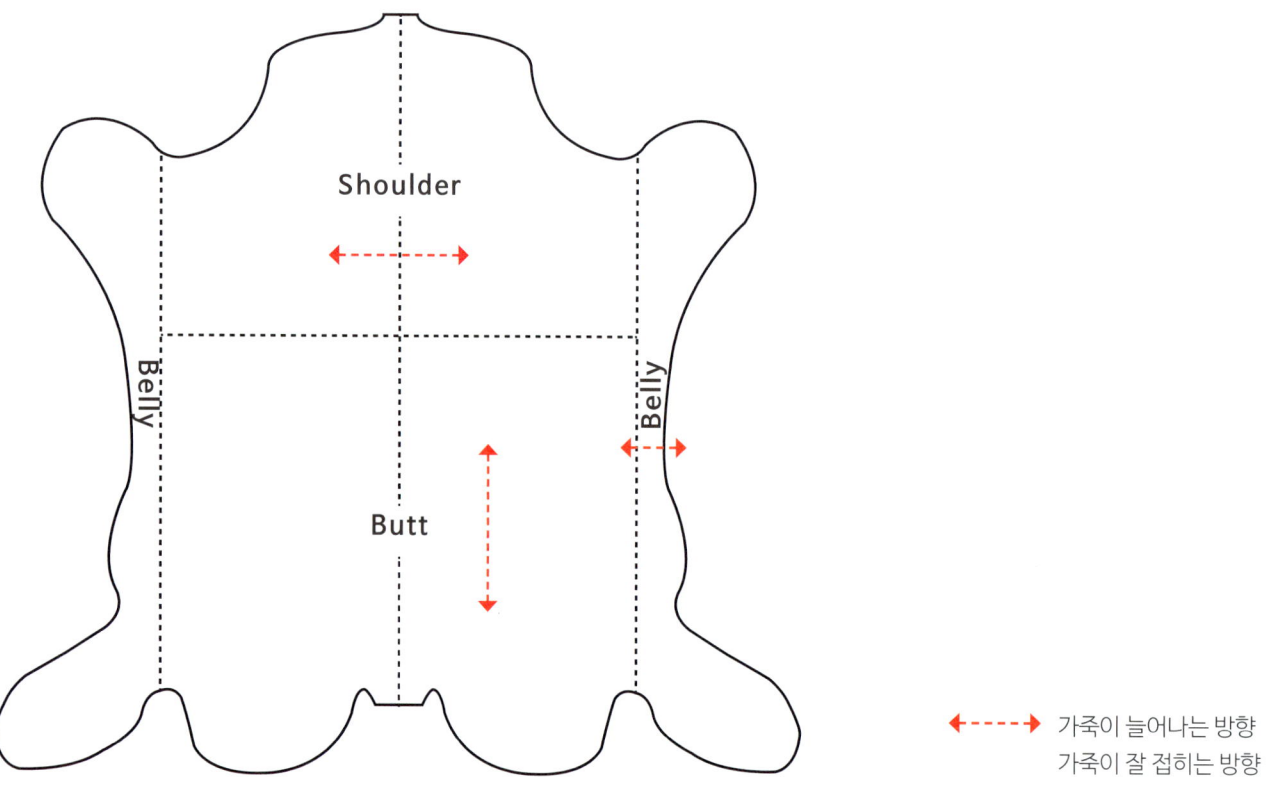

가죽이 늘어나는 방향
가죽이 잘 접히는 방향

02. 가죽의 결에 따른 재단방향

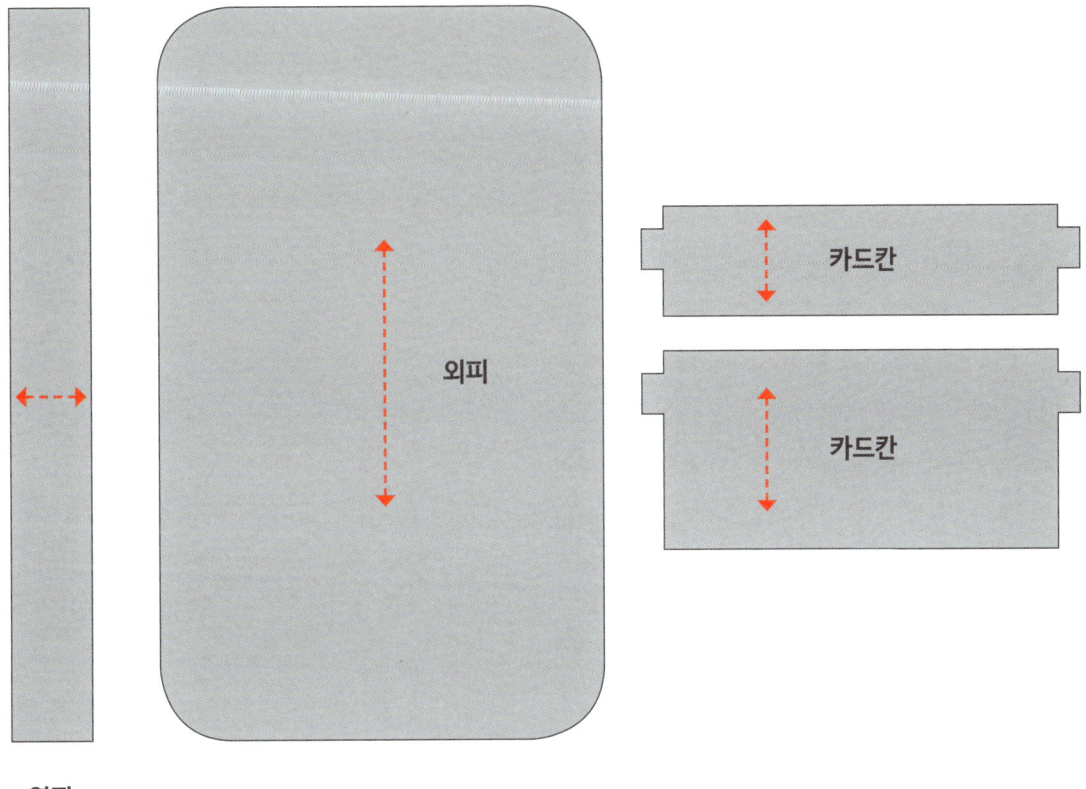

옆판

외피

카드칸

카드칸

〈 카드케이스의 재단 방향 〉

완성된 형태를 보다 자연스럽고 아름답게 만들어주는 것
이 제작의 첫 번째 과정, 재단입니다. 작은 소품은 완성
이 되었을 때 접히는 방향을 가죽의 결이 늘어나는 방향
과 일치하게 재단해 줍니다. 그림과 같이 카드 케이스의
외피가 접히는 방향이 가죽이 늘어나는 방향, 카드칸이
헤리 마감으로 접히는 방향과 가죽이 늘어나는 방향이
일치하도록 만들어줍니다. 옆판 또한 완성 시 접히는 방
향이 가죽이 늘어나는 방향과 일치하도록 재단합니다.

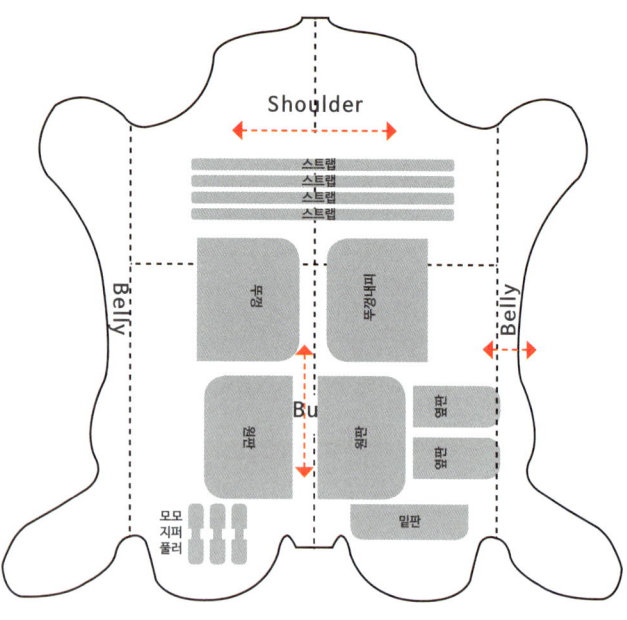

〈가방의 재단 방향〉

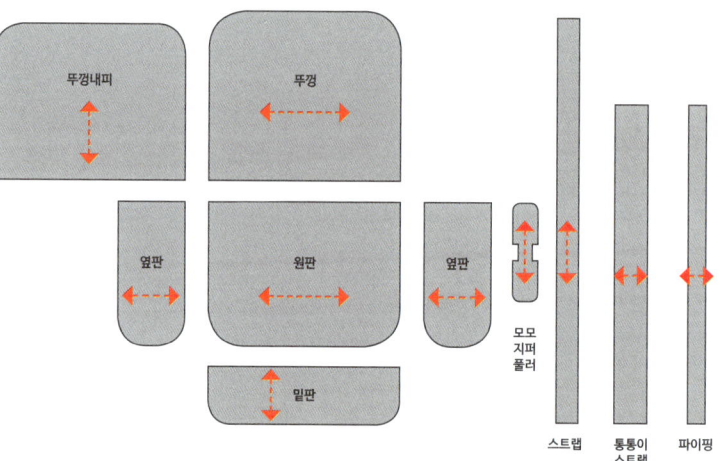

완성되었을 때 접히는 방향으로 설정
+예외 상황 고려

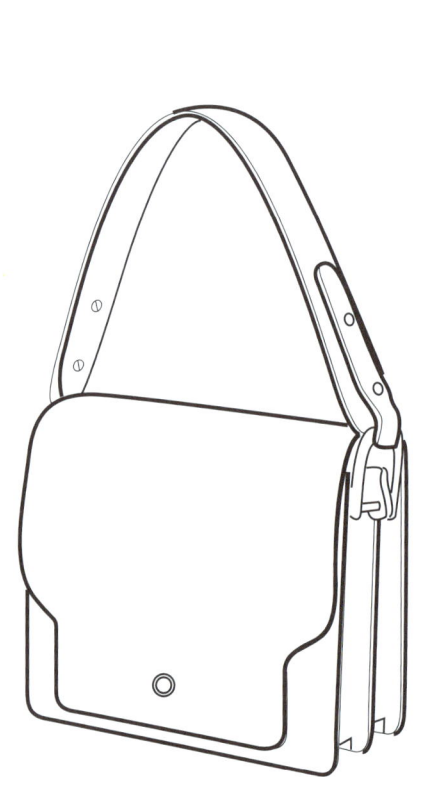

완성된 가방의 형태

03. 가방 사이즈별 사용되는 가죽의 두께

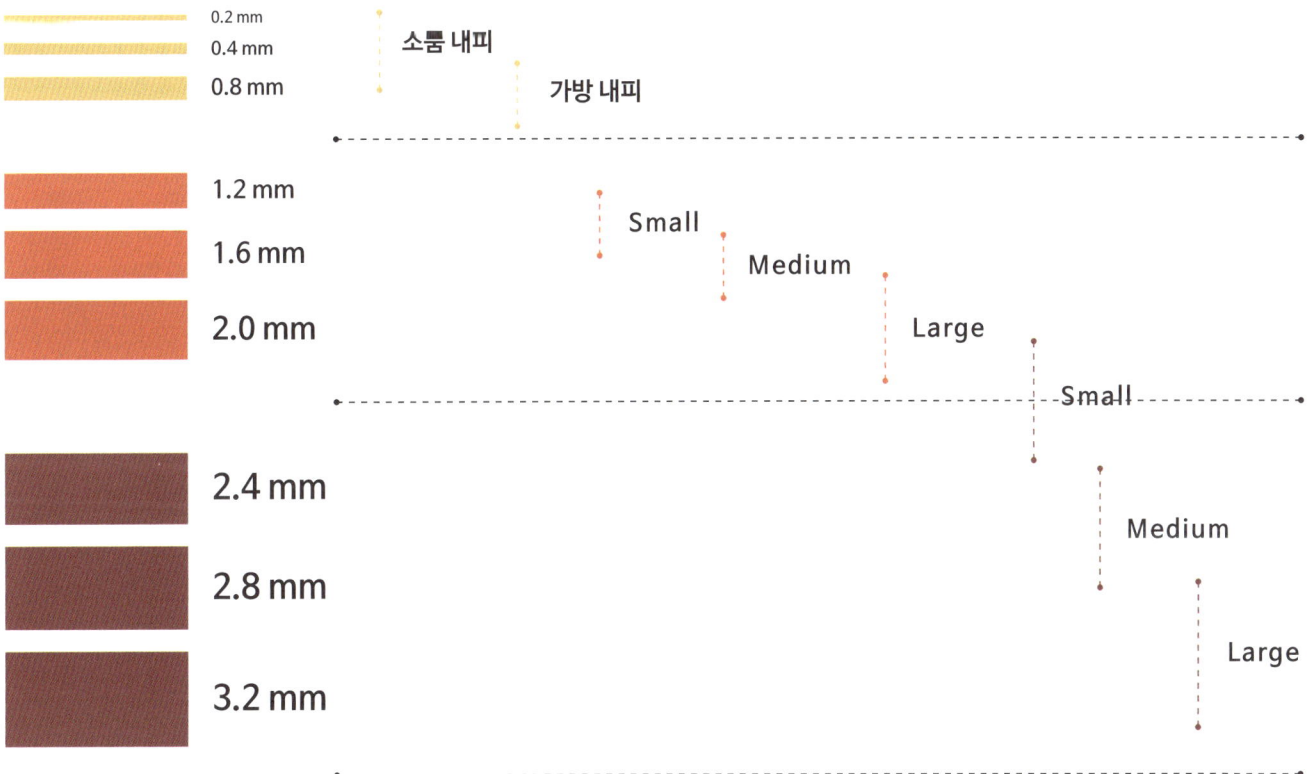

– 가방의 원판을 위한 가죽을 1.4~1.8mm 이 적합하다.
– 가방의 내피를 위한 가죽은 0.6~0.8mm 로 적합하다.
– 소품의 외피는 1.2mm, 소품의 내피는 0.8mm 를 기준으로 둔다.
– 스트랩을 위한 가죽은 완성되었을 때 3mm 정도를 기준으로 둔다.

* 예시로 들어간 사진과 수치들은 사용했을 때 큰 실수가 나지 않는 범위를 적어놓은 것으로, 개인의 작업에 알맞은 수치를 찾고 보다 높은 퀄리티의 제작을 원한다면 여러 범주로 테스트하고 연구가 필요합니다.

2.보강재

01. 보강재의 종류 및 쓰임새

보강재는 부드러운 가죽을 오브제 혹은 수납을 위한 주머니 형태로 만들기 위해 필수적인 재료라고 할 수 있습니다. 가죽이란 고급
스러운 물성을 본연 그대로 표현하기 위해 보강재의 물성 또한 날이 갈수록 발전하고 있으며, 전 세계에 존재하고 있는 보강재가
3000여 가지가 넘는다고 하니 디자인한 작업물을 잘 구현하기 위해서는 다양한 보강재를 접하고 테스트해 볼 필요가 있습니다.

1. 스판레이온 – 0.4/ 0.6/ 0.8/ 1.0t

가방의 볼륨감과 탄력을 살리기 위한 접착식 보강재로 고급 부직포에 속한다. 가죽 전면에 부착하며 가죽의 두께와 고시감에 알맞는 보강재의 두께를 선택해서 보강 한다. 대체할 수 있는 보강재로 고발포 인솔 등이 있다.

2. L/B (레더보드) – 0.4/ 0.6/ 1.0t

가죽을 잘게 부숴 압착해 놓은 것으로 가죽과 이질감이 적어 가장 많이 쓰이는 보강재 중의 하나이다. 가방의 형태에 따라 원판, 뚜껑, 입구, 손잡이, 모모 등의 보강재로 쓰인다. 국산, 이태리, 독일, 홍콩 등 생산하는 브랜드에 따라 레더보드의 강도와 부드러움이 다르니 여러 가지를 써보고 작업에 맞는 보강재를 선택하는 것이 좋다.

3. B/T (본텍션) – 0.4/ 0.6/ 1.0t

탄탄한 종이 느낌의 보강재로, 단단한 느낌을 표현할 때 주로 사용된다. 하드한 가방의 원판, 밑판, 뚜껑의 각지고 딱 떨어지는 느낌을 더할 때나 덧싱으로 사용할 경우, 넓은 면의 자연스러운 볼륨감을 더해주기 위해 사용된다.

4. 실루피 _1.0/ 2.0t

유연한 탄성을 가진 고급 부직포에 속한다. 접었을 때 부드럽게 잘 접히며 꺾이지 않아 큰 가방의 원판으로 사용할 수 있으며 면에는 탄탄한 힘이 있어 밑판에 사용했을 때 가방의 처짐이 적당하다. 스트랩이나 벨트와 같이 기다란 끈에 힘을 주기 위한 보강재로도 적합하다. 대체할 수 있는 보강재로 S/L 이 있다.

가방패턴 클래스 A to Z

초판 1쇄 발행 2023년 4월 28일

지 은 이 송예진
펴 낸 이 위북스
디 자 인 위북스 인디자인팀
일 러 스 트 문서인
삽화디자인 이진화
출 판 등 록 제406-2013-000011호
주   소 경기도 고양시 일산서구 장자길 118번길 92
홈 페 이 지 www.webooks.co.kr
전 화 번 호 031-955-5130
이 메 일 we_books@naver.com
ⓒwebooks, 2016

ISBN

값 35,000원